THE FUTURE OF ENERGY
能源的未來

數位化與金融重塑

楊雷——著

能源的重要性毋庸置疑
如今，變革的力量正在積聚

全球能源格局劇變 | 科技引領綠色 | 未來能源轉型是趨勢，也是挑戰

目　錄

前言

第一部分　能源變革的浪潮

- 能源轉型帶來全球變革 ……………………017
- 全球合力應對氣候變化 ……………………024
- 為清新空氣而改變 …………………………034
- 創新商業模式的崛起 ………………………038
- 引領未來的創新力量 ………………………049
- 移動式解決方案的未來 ……………………055

第二部分　數位化如何重塑能源領域

- 科技如何改變能源格局……………………072
- 科技巨頭的能源布局………………………087
- 網路如何接軌能源未來……………………096
- 數位化提升服務價值………………………102

第三部分　金融力量背後的無形推手

- 金融如何支撐能源市場……………………115
- 創新交易模式的誕生………………………122
- 區塊鏈在能源領域的應用…………………130
- 金融與能源的相互驅動……………………144

第四部分　未來的能源路徑

尾聲

致謝

參考文獻

目錄

前言

前言

能源的重要性毋庸置疑，長期以來，就一般民眾的感受而言，能源生產是少數大公司和國家的事，這是個被少數人控制的領域。但這種情況正在發生改變，而且眾人對此的感受日益強烈：頁岩革命改變了世界能源的供需格局，可再生能源發展快速，已經可以與傳統能源競爭，能源智慧化造就越來越多的能源產消合一者，電動車以日新月異之勢崛起，越來越多的資訊企業進軍能源領域，金融在能源領域發揮的作用日益突顯……

傑瑞米‧里夫金（Jeremy Rifkin）2011 年在《第三次工業革命》（*The Third Industrial Revolution*）這本著名的暢銷書裡，預測了很多有關能源的未來情景，尤其是網路與可再生能源相互結合帶來的變化，9 年後回過頭來看，很多進展比書裡描繪的還要快得多。在 2014 年能源革命的時候，可能很多人還不太理解，為什麼用「革命」這麼強烈的字眼，而不是溫和的「改革」一詞。五年多過去，放眼全球，能源革命的願景已經更加清晰，這不僅描繪了體制的變化，更加展現出革命性的能源未來。

在討論能源的未來時，儘管能源領域不同類型的具體行業傾向不同，但也已經達成基本的共識，那就是能源會沿著多元化、潔淨化、低碳化、智慧化、分散化、電氣化、市場

化、民主化方向發展。北京國際能源專家俱樂部的總裁,曾用英文字母的開頭把能源轉型的驅動力總結為 7 個 D,亞洲開發銀行的能源總監則提出能源轉型的方向應該有明確的標準:降低排放和以人為本,最終還是要歸結到以人為本,減排也要著眼於人類未來幾代。業內有識之士能夠理性地意識到能源變革的方向,但能源變革的動力相當程度上卻是來自外部。

能源進入現代社會以來,能源安全成為重要命題的主要原因之一就是資源限制,占有能源資源就代表掌握策略的主動性,甚至是戰爭的勝利。過去人們經常為「石油峰值」的到來而憂心忡忡,這裡的「石油峰值」指的是由於資源限制而導致的生產峰值。而最近幾年來,當人們討論「石油峰值」的時候,已經是指石油消費何時達到頂峰,憂心忡忡的反而是石油公司。技術的重要性逐漸超越資源的限制,只要擁有適當技術,頁岩油氣產量可以經濟地大幅度提升;只要擁有合適技術,可再生能源比化石能源更加便宜⋯⋯與此同時,氣候變遷、空氣汙染,這些嚴峻的環境問題讓能源問題越來越成為焦點,環境限制已經成為能源發展最大的外部限制因素。

能源日益增加的外部因素不止於此。正如在過去一、二十年發生的很多產業革命一樣,網路對很多產業產生顛覆

性的影響,而顛覆者基本上都是所謂的「外行」。如果觀察網路時代對能源產業的影響,相比其他產業來說,可以說影響甚微,比如電廠只是安裝了更先進的軟體系統,便聲稱完成了數位化。究其原因,一是因為這個產業規模巨大,慣性作用也非常大,需要積蓄改變的力量;二是相關準備並未完備,顛覆者還在形成之中。

但這種力量正在積聚,山雨欲來,呼之欲出之勢正在形成。其中兩個關鍵的力量日趨成熟,一是數位化,其實質是透過網路以及相關的思維改造傳統能源體系;另一個則是金融力量的重塑作用。

能源數位化既是數位技術發展的結果,也是能源發展的必然要求。越來越多以風或光為主之可再生能源,這些能源屬於不穩定的能源,需要非常靈活且系統性地耦合,從而避免棄風棄光,提升價值;快速增加的分散式能源也需要更加即時地分配,以實現供需平衡;智慧家居包括電動車的廣闊前景也需要數位化支撐;在這樣的過程中,日趨靈活的市場機制也使得能源的套利空間增加,需要數位化來完成交易,區塊鏈技術則可以讓交易成本大幅度降低。有學者把大數據稱為 21 世紀的石油。世界經濟論壇創辦人施瓦布(Klaus Schwab)也強調,新一輪工業革命的核心是基於大數據的智

慧化與資訊化。能源的數位化使得跨界得以實現,特斯拉宣稱,該公司在策略方面是資訊公司而不是汽車公司,因為它將會整合更多的資源,實際上特斯拉憑藉太陽能光電和儲能,已經在能源產業嶄露頭角。Google、蘋果等企業也都已經開始在能源領域攻城略地。

在能源革命的過程中,金融將發揮更大的作用,是看不見的推手。歷史上,美元能夠穩定地長期作為世界貨幣,與美元和石油的掛鉤密不可分。當能源進入新的發展階段,金融將再次和能源緊密互動。最近的故事是頁岩革命成功。眾所皆知這是一場眾多美國中小企業在金融資本的幫助下實現的成功逆襲。頁岩油氣產業在資本的支持下,連續虧損但持續增產,直到 2018 年才真正達成產業的正現金流。頁岩革命改變全球能源格局已經成為能源產業的經典勵志故事。這已經非常接近網路企業的商業邏輯,很多新經濟催生的企業也是持續十幾年的虧損,但靠著業績快速成長,市值反倒日益增加。

但這僅是金融與能源聯合的冰山一角。能源分散化和數位化的結果,使得區塊鏈技術已經在能源領域嶄露頭角。美國紐約地區的布魯克林新能源先導示範區,已經在嘗試利用區塊鏈技術,完成當地能源產消合一者的即時結算,而且雄

心勃勃地推廣這一模式。全球能源虛擬貨幣的實務事例如雨後春筍般湧現，電動車服務公司也在實驗室開發出了連結電量交易的系統，以期建構新的能源交易模式。

2019 年 6 月，臉書（Facebook）釋出白皮書，準備正式推出自己的虛擬貨幣「Libra」（天秤座）。這件事引起了舉世關注，認為是虛擬電子貨幣的轉捩點。Libra 如何與現實資產或法定貨幣（比如美元）連繫，也成為大家關注的焦點。就如同美元掛鉤石油成為穩固的國際貨幣，Libra 很現實的選項仍然是能源，因為這是全球貿易規模最大的商品。不過這次將不再局限於石油或天然氣，而會是與熱值相關的所有能源。這個歷程需要時間，也需要與監管者的互動，必然也會存在阻礙，但趨勢已經顯現。

這樣的大潮不能阻擋，經過多年的醞釀，技術皆已成熟，成本正在以前所未有的速度降低，商業模式與政策也正在朝著這樣的方向快速發展。這個過程會伴隨主要國家間激烈的競爭，但也需要更多合作。世界能源大國正在深入推動能源革命，但顯然很多條件並未占據先機，如何超前謀劃，是非常核心重要的問題。

能源也好，金融也好，終歸應該是服務人類、以人為本，創造更美好的生活，從而提升人的幸福指數。在任何一

次浪淘沙般的產業革命過程中，都會伴隨許多陣痛，既包括傳統產業的沒落以及新產業的焦慮，同時也會滋生很多投機者，甚至幻想以新的方式統治世界。新一輪的能源革命如何發生與進展，需要有識之士的共同參與和推動，這個過程不僅需要長遠的眼光，更需要兼容並蓄的胸懷。

前言

第一部分
能源變革的浪潮

第一部分　能源變革的浪潮

石器時代的結束，不是因為石頭沒有了。新能源時代的到來，也不是因為沒有化石能源了。

艾哈邁德‧扎基‧亞馬尼（Ahmed Zaki Yamani）於1962年到1986年擔任沙烏地阿拉伯石油部長，期間多次舉起石油禁運的大旗，包括對美國造成沉重打擊的1973年石油禁運。他以石油為武器，在國際能源領域縱橫捭闔，於國際石油市場叱吒二十多年。轉眼又是三十多年過去，那些豐功偉業已是過眼雲煙，大多數人不再記得他曾經的角色，甚至連他的名字也被淡忘，但他曾說過一句話卻流傳甚廣：「石器時代的終結不是因為缺乏石頭，石油時代將結束，也並非因為石油供應短缺。」這句話由沙烏地阿拉伯的石油大臣說出，多少有些諷刺含意。他當時出此言，是為了幫沙烏地阿拉伯並未減產辯護，但聽起來有種高瞻遠矚的氣勢。當新的世紀到來，新能源代表的第三次工業革命雛形初現時，再來回味他這句話，就有了預言般的先知口氣。而且可以進一步拓展說：新能源時代的到來，不是因為沒有化石能源了。

能源轉型帶來全球變革

　　人類使用化石能源進入工業革命時代,不過也才兩百多年歷史。這兩百多年的歷史,能源已經發生了至少三次更迭,而且還在繼續。這不僅是因為新的能源資源不斷被發現,也是因為隨著產業變革發展,產業需求和外在力量不斷變化,能源與產業、環境互動的結果。

　　這三次能源革命可以粗略地以煤炭、油氣和新能源為代表來劃分,分別對應了以蒸汽機、內燃機為代表的前兩次工業革命,和以現代電力電子及網路為代表的第三次工業革命。里夫金在《第三次工業革命》裡面清晰地定義了第三次工業革命的五個支柱,每一個都和能源直接連結,認為可再生能源和網路技術結合的分散式使用是第三次工業革命的重要表現形式。智慧電網、電動車、能源物聯網、移動式儲能站、區塊鏈技術等為代表的能源轉型相關技術,並不依附於特定的一次性能源,其最主要特徵是以大數據為核心的智慧化,有可能對能源產業乃至人類社會產生更為深遠的影響。

　　大家基本上都認同能源轉型的趨勢,但不同的專家也會有所偏好。根據美國知名未來能源學家海夫納三世(Robert

第一部分　能源變革的浪潮

A.Hefner III）的觀點，他按照固體、液體和氣體來劃分，把第三次能源時代命名為氣體時代，短期是由天然氣主導，未來則可能是氫氣及可再生能源。他把可再生能源通通納入氣體時代，比如認為風能也是氣體的運動。這點可能是因為他的家族擁有天然氣公司，有更偏愛天然氣的因素。儘管如此，他早期提出的能源大轉型概念確實是深入人心，而且不斷在實踐中展現。

法國人有句非常自得的話：我們沒有石油，但是我們有思想。中國科學院的一名院士有句名言也有異曲同工之妙，「只有枯竭的思想，沒有枯竭的能源」。他認為煤炭、石油、天然氣、新能源「四分天下」的世界能源結構正在形成，世界能源進入新的階段，將由煤炭、油氣向新能源進行第三次轉換。

從大趨勢來看，能源正在朝向潔淨低碳的方向發展，石油比煤炭低碳，天然氣比石油更低碳，可再生能源則基本上是零碳。1900年的時候，煤炭在全球一次性能源中的比例超過一半，到了2018年的時候，這一比例降到了27%。儘管這種發展在世界各地並不平衡，很多開發中國家也宣稱不會走先進國家先汙染後治理的老路，但人們顯然對這條能源從高碳到低碳的途徑有很高的依賴性。整體來看，人類工業化文明依賴化石能源的基礎沒有改變，即使到了新的世紀，全世界約80%的能源仍然來自化石能源（圖1-1）。

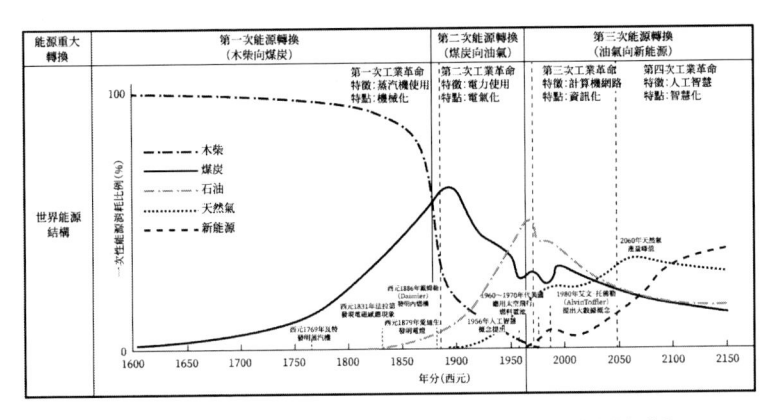

圖 1-1　全球一次性能源的構成演變和預測（據《新能源》）

　　進入 2010 年代，情況發生了更加革命性的新變化。根據國際能源署追蹤統計，從 2008 年開始的 8 年時間裡，太陽能光電的平均成本降低了約 80％，風力發電降低約 70％，儲能則為約 70％。與此同時，寬頻、感測器、無線流量等成本更是降低了 95％以上（圖 1-2）。成本如此快速降低，一方面為新能源的商業化帶來了突飛猛進的廣闊前景；另一方面，為應對氣候變遷而需要減少二氧化碳排放的壓力，使傳統能源面臨前所未有的挑戰。

第一部分　能源變革的浪潮

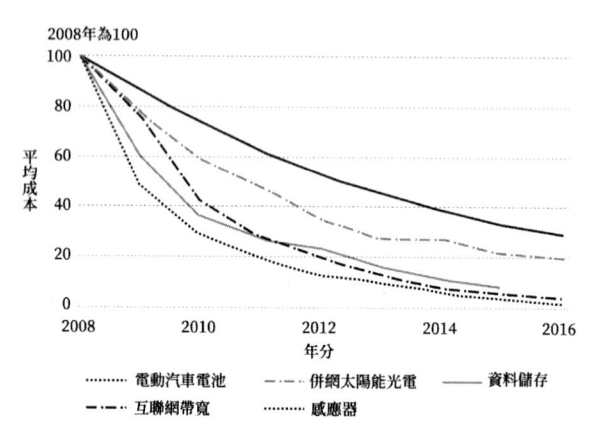

図1-2　相關能源技術平均成本降低的情況（據IEA）

　　根據國際能源署的統計資料，2012～2017年的五年時間裡，火力發電的新增發電量下降了一半，而與此同時，可再生能源電力的新增發電量提升了大約兩倍。如果展望到2023年，太陽能光電和風力發電則會占整體新增電量的一半以上（圖1-3）。2019年初，國際可再生能源機構IRENA釋出最新報告，全球可再生能源裝置已經占全體裝置的1/3，其中增加速度最快的是太陽能光電和風力發電。在歷經多年的準備後，一個新的能源時代正在來臨。

　　與此同時，隨著新技術的應用，能源利用效率不斷提升，單位GDP的能源消耗量逐年降低。也就是說，消耗同樣的能源，可以產生越來越多的產出（圖1-4）。

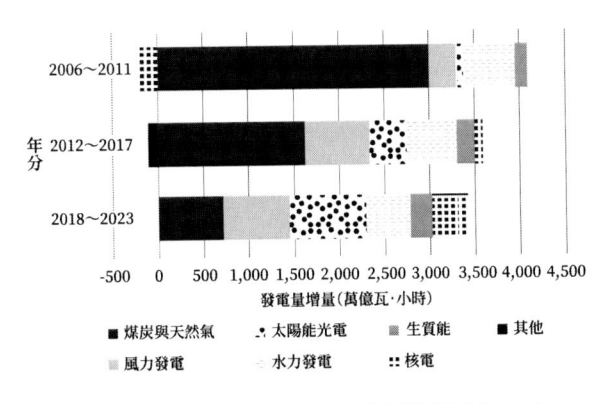

图 1-3 全球新增發電量來源情況（據 IEA）

注：福島核電事故後，核電減少，因此增量為負。

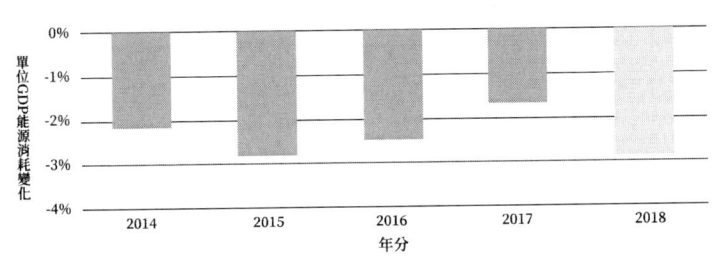

圖 1-4 能源消耗變化圖（據 IEA）

能源種類之間的融合也有助於提升整體的系統效率。長期以來，能源始終是相對分裂的概念，這從它們的單位就可以看得出來。電力用的是度（千瓦・小時），石油用的是桶或者升，天然氣用的是立方公尺或者百萬英熱單位，而煤則用的是噸。這些單位在進行換算的時候，不要說外行人，就

連業界人士也感到頭痛。這與這些產業長期以來缺乏協調有關,別說是不同能源企業之間彼此所知甚少,即使在能源管理的行政部門,這種缺乏協調的情況也十分嚴重。不同部門各自為政,都積極支持自己所屬的產業,而並不在乎應如何更有效地改善整體能源系統。

隨著電力在終端消費比例不斷提升,電氣化轉型如火如荼,各種能源之間的融合與替代也逐漸增加。在歐洲,天然氣和電力就展現出很好的互動性,「宜氣則氣、宜電則電」。氫能的發展則又再次提升了這種融合的能力和期待。對於消費者而言,他並不介意暖氣來自電力、天然氣、煤炭或者是地源熱泵,只要穩定、經濟就好。數位化技術的應用也前所未有地將各個能源類型以更有效的方式結合起來,能夠以更加潔淨且高效的方式供應能源。

2017 年 1 月歐巴馬在即將卸任美國總統之際,以〈潔淨能源發展趨勢不可逆轉〉(*The Irreversible Momentum of Clean Energy*)為題在著名的《科學》(*Science*)雜誌上發表署名文章,闡述了從 2008 年到 2015 年,美國經濟產出成長了 10%,與此同時能源消耗降低了 2.5%,代表著美國單位 GDP 能源消耗降低了 11%,單位 GDP 二氧化碳排放降低了 18%,實現了經濟成長與能源消耗增加的「脫鉤(decoupling）」。他還特別強調，發展潔淨能源和發展經濟並不衝突，並且已經成為全球趨勢，這不但能延緩全球氣候變遷，而且能為美國帶來經濟效益。他說這些話的時候，多少也流露出對繼任者川普可能退出巴黎協定的擔憂。

第一部分　能源變革的浪潮

全球合力應對氣候變化

　　現在關於氣候變熱和極端天氣的報導越來越多，很多人都有切身的感受。氣候變遷已經成為對地球環境最大的威脅，環境問題比資源枯竭成為了對人類更加現實的威脅，成為能源發展的達摩克利斯之劍。

　　在同一個地球村，最嚴重的現實挑戰並不是外星人入侵，而是氣候變遷。即使有些專家和政客仍在為氣候變遷的原因爭執不休，但我們已沒有爭議地面臨全球氣候變遷帶給人類及生態系統的災難性結果：極端天氣、冰川消融、永久凍土層融化、珊瑚礁死亡、海平面上升、生態系統改變、旱澇災害增加、致命熱浪等等，這些不再只是科學家預言中的改變。從北極到赤道，人類開始在全球氣候變遷的影響下掙扎求生，這已經是不爭的事實。

　　像巴黎這樣的地方，氣候溫和，冬暖夏涼，以至於長期以來都沒有安裝冷氣的習慣，甚至連電扇在大賣場裡也不多見。可是這幾年來，因為夏季長時間的熱浪，已經頻頻出現熱死人的情況。

全球合力應對氣候變化

這一切只不過是氣候變遷影響的序幕,我們正在經歷危險的氣候變遷,升溫的車輪越轉越快。氣候和地質學家的研究顯示,地球的氣候的確發生過顯著的變化。人類出現在最後一次冰河期結束以後,一萬年來,地球的氣候相對穩定維持在當前人類習以為常的狀態。

2019年3月,世界氣象組織釋出新的全球氣候報告,祕書長塔拉斯(Petteri Taalas)表示,2015～2018年間,全球暖化的情形打破紀錄,導致海平面上升,南北兩極冰面消融,而這一趨勢在2019年仍將持續。2019年初,歐洲冬季氣溫創下歷史新高,北美地區異常寒冷,澳洲則發生了嚴重熱浪。南北極冰面的範圍再次遠低於平均水準。

據CNN報導,2019年僅8月2日一天,格陵蘭島就有125億噸冰融化,這是有記載以來歷史上最大單日融化量,是氣候危機正在加劇的明顯警示。美國國家航空暨太空總署的海洋學家喬希‧威利斯(Josh Willis)說:「格陵蘭島有足夠的冰將海平面升高7.5公尺,這對全球各地的海岸線將造成毀滅性打擊。這裡融化的數十億噸的冰會使澳洲、東南亞、美國、歐洲的海平面上升。」

地球的溫度取決於太陽輻射照到地球表面的熱量和吸熱後的地球將紅外輻射散發到空間的熱量。從長期來看,地球

從太陽吸收的能量必須與地球及大氣層向外散發的輻射能量相互平衡。大氣中的水蒸氣、二氧化碳和其他微量氣體,如甲烷、臭氧、氟氯烷等,可以使太陽射向地球的短波輻射幾乎無衰減地通過,但卻會吸收地球向外輻射的長波,這樣就使得熱量不能散發出去。因此,這類氣體有類似溫室的效應,被稱為「溫室氣體」。溫室氣體吸收長波輻射,從而減少向外層空間的能量排放,大氣層和地球表面就會變熱,這就是「溫室效應」。在大氣中目前已經發現近 30 種能產生溫室效應的氣體,其中二氧化碳發揮最重要的作用,甲烷、氟氯烷和氧化亞氮也具有相當重要的影響。

全球暖化更加可怕的前景之一是一旦超過某個臨界值,將會像電子振盪一樣進入正回饋階段,將使這一情勢加速惡化。因為氣候暖化將導致冰面反射減少和凍土蘊含的甲烷大量洩漏。海冰加速消融,海洋反射太陽輻射的能力就會減弱,上層海洋吸收了更多的熱能,導致北極氣候以比全球更快的速度暖化。這會導致洋流也發生變化,對於沿海的氣候產生更大影響。

在俄羅斯、加拿大、歐洲北部等地區永久凍土層內封存了大量甲烷和二氧化碳,在人類出現以前就一直冰封在那裡。很多甲烷以可燃冰的方式存在,據測量計算 1 立方公尺可燃冰可轉化為 164 立方公尺的天然氣,一旦開始釋放將會

是爆發性情景。凍土層裡的甲烷量沒有準確的數字,根據不同的評估,可能是從兆立方公尺到千兆立方公尺的程度,這是非常驚人的量。甲烷的溫室氣體效應比二氧化碳還要嚴重得多,一旦因凍土層融解而大量釋放,就像是喚醒了沉睡的惡魔。這些溫室氣體將進一步加速全球暖化,而升溫過程也會反過來加快這些溫室氣體釋放,進入不可逆的過程,災難來臨時就會像那些好萊塢大片中展現的情景。

科學講究實證,但就像是人們並不能在實驗室證明滄海桑田的地質變化,這個規模在時空方面都遠遠超出了我們人類可以模擬的程度,對於氣候變遷的評估也有一樣的問題。人類對於自己的認知能力應該永遠保持謙卑的態度,因為在很多方面,我們實在是既不夠了解這個世界,也不明白自己的局限性。科學研究只能說,從長期氣候資料比較來看,在氣溫和二氧化碳之間存在顯著的關聯性。但這成為川普對氣候變遷政策不屑一顧的理由,他認為氣候變遷不是人為造成的,既然存在其他變數,那這種關聯性只是一種推測,並不能成為制定政策的依據。但絕大多數的科學家認為,人類活動的確是造成氣候變遷的主要因素,尤其是二氧化碳的排放,是可以定量計算的。

聯合國氣候變遷專門委員會(IPCC)評估認為:全球氣候的確正在變暖,而導致暖化的主要原因,是人類燃燒化石能

源和毀林開荒等行為,向大氣排放大量溫室氣體,加劇溫室效應的結果。世界氣象組織(WMO)的資料表明,2015年、2016年、2017年和2018年已確認為是從1850年有紀錄以來最暖的四個年分。有紀錄以來,20個最暖年分,都出現在過去的22年中。據美國國家大氣暨海洋總署(NOAA)報告,全球大氣中二氧化碳平均濃度已由工業革命前的280ppm(ppm:百萬分之一)左右升高到了2010年的389ppm,2018年的官方數值為405.5ppm,到了2019年5月,則達到了415.26ppm這一新紀錄。

人類對於應對氣候變遷問題進行了漫長的討論。自1992年《聯合國氣候變遷綱要公約》誕生以來,各國圍繞著應對氣候變遷問題進行了一系列議論。這些議論原本是為了應對氣候暖化,但也日益成為各國角逐利益和影響力的媒介。

2015年12月,聯合國氣候大會在巴黎舉行,各國成就了一項具有里程碑意義的協議,被稱為《巴黎協定》。《巴黎協定》明確指出控制氣候變遷的核心目標:以前工業化時期為基準,將全球溫度升幅控制在2°C以內;並爭取把溫度升幅限制在1.5°C。

《巴黎協定》的最大貢獻在於明確訂立全球共同追求的「固定指標」。只有全球盡快達成使溫室氣體排放量達到峰值,21世紀下半葉實現溫室氣體淨零排放,才能降低氣候變

全球合力應對氣候變化

遷帶給地球的生態風險以及人類的生存危機。

《巴黎協定》將世界所有國家都納入了保護地球生態、維護人類發展的命運共同體當中，涉及的內容超越了「零和博弈」的狹隘思考，展現出與會各方多一點共享、多一點擔當、實現互惠雙贏的強烈願望。

《巴黎協定》也為經濟和能源的發展方向樹立了指標。經濟與能源息息相關，里夫金在四年前描述的第三次工業革命，得到了非常好的呼應。《巴黎協定》推動各方以「自主貢獻」的方式參與全球應對氣候變遷行動，積極向綠色、永續的能源成長方式轉型，這必然將會對相關產業的發展產生重大影響；先進國家繼續帶頭減排並加強對開發中國家提供財力支持，強化技術發展和技術轉讓的合作行為，對國際合作的內容也有深遠影響。根據《巴黎協定》的倡議，也會對資本市場產生影響，引導全球投資未來進一步傾向綠色能源、低碳經濟、環境治理等領域。

《巴黎協定》對能源領域的影響是最直接也是最深遠的。溫室氣體排放最主要的來源是化石能源。富碳的化石能源燃燒，除了獲得能源外，最主要的副產品就是二氧化碳。

自從工業革命以來，除了發生經濟危機的個別年分，能源相關的二氧化碳排放量一直在增加中。這一增加曲線在2014後的三年中稍有停頓，但還不容喘上一口氣，從2017

第一部分　能源變革的浪潮

年後能源相關的二氧化碳排放又開始增加，2018 年甚至創下新高（圖 1-5）。

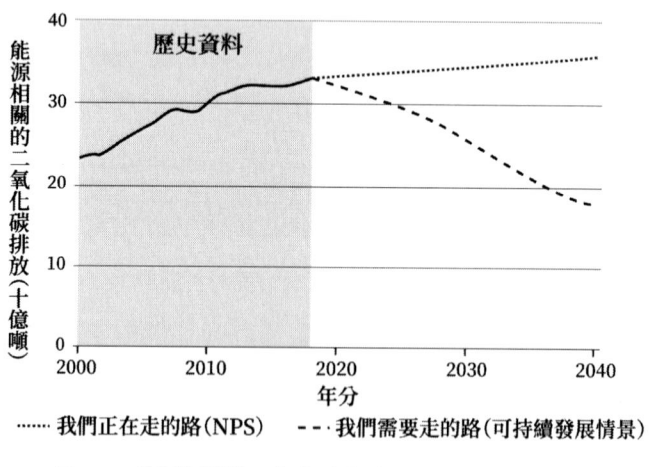

```
[圖表：能源相關的二氧化碳排放（十億噸），縱軸 0-40，橫軸 2000-2040，歷史資料區域到約 2018 年，之後分為「我們正在走的路 (NPS)」與「我們需要走的路 (可持續發展情景)」兩條曲線]
```

……我們正在走的路（NPS）　- - - 我們需要走的路（可持續發展情景）

圖 1-5　能源相關的二氧化碳排放量及展望（據 IEA）

根據國際能源署的展望，如果實現《巴黎協定》的溫度控制目標，那麼能源領域二氧化碳的排放曲線就應該是下面那條，而按照現在的政策情景，則會是上面那條線，從而也可以看到能源發展所面臨的巨大壓力。

進入工業化以來，我們已經排放了 2.2 兆噸當量的二氧化碳（含其他溫室氣體折算）到大氣層中，為了保持地球升溫不高於 2°C 的目標，從而避免更加惡化的一連串後果，我們應該控制新增排放總量不超過 7,000 億噸。這留給我們解

決問題的時間已經很緊迫了。目前我們每年大概排放420億噸,其中330億噸來自能源相關的排放。按此計算,即使年度排放不再增加,也只要17年的時間就會達到排放上限了。

人們迫切希望排放能夠逐步降下來,有些歐洲國家明確提出2050年淨零排放的願景。可是從現實情況來看,能源相關的二氧化碳排放在經過三年的穩定後,2018年再次出現顯著增加。

為了遏制能源相關二氧化碳排放的增加,世界各國都在採取各種措施,如提升能源利用效率,限制新建低效火力發電廠,淘汰老舊低效火力發電廠,使石油和天然氣產業減少直接排放甲烷氣體,同時加快削減化石燃料補貼等。歐洲2005年就建立了碳市場,期望以市場化的手段來減少二氧化碳排放。儘管爭議不斷,但仍然發揮了不可替代的作用,關鍵是讓產業理解減排已經成為考量的常規指標。

即使美國總統川普主導美國退出了《巴黎協定》,但美國並非就此停止了減排的努力。加利福尼亞州、紐約州和華盛頓州很快就結成「美國氣候聯盟」,繼續大力推進它們的潔淨能源轉型計畫,並且呼籲更多的企業繼續按照《巴黎協定》的要求來努力減排。市場比人強,得益於頁岩氣革命的成功。美國天然氣非常便宜,天然氣發電大量替代煤炭,加上新能

第一部分　能源變革的浪潮

源的快速發展和效能提升，美國退出《巴黎協定》後的碳排放實際上連年降低，一直到 2018 年才和全球同步重新上升。有學者認為，川普後時代氣候變遷仍然可能是美國要重新舉起的大旗，因為這也是規範全球經濟發展的最重要手段之一。

2018 年 9 月，美國加利福尼亞州州長傑里‧布朗（Edmund Gerald Jerry Brown）簽署一項法案，提出到 2045 年加利福尼亞州將實現電力 100％由潔淨能源供應，完全拋棄煤電等傳統化石能源發電方式。

2019 年 5 月，英國國家電力公司資料顯示，全國實現連續 114 個小時不用煤發電，創工業革命以來最高紀錄。其發言人肖恩‧肯普（Sean Kemp）說：「可再生能源取代煤炭發電已經成為趨勢。」英國政府計劃 2025 年關閉最後一批燃煤發電廠，以減少碳排放。近年來，燃煤發電在英國總發電量中占比不斷下降，目前剩不到一成。截至 2019 年 5 月初，燃煤發電使用量比前一年同期減少近三分之二，無煤發電總時長超過 1,000 小時，2019 年將輕鬆超過 2018 年全年 1,800 小時無煤發電時長的紀錄。與此同時，可再生能源發電近年占比日益提升，風力發電量 2018 年首次突破 1,500 億千瓦‧小時。

傳統能源生命週期很長，從論證到實施需要好幾年，建成後服役期往往 20 年以上，核電廠則會是三、四十年甚至更

長。所以如果沒有超前的眼光，我們很多投資可能從開始就注定面臨越來越困難的未來，甚至成為擱置資產。隨著減排壓力持續增加，十年後很多政策環境可能已經大不相同，邊界條件也必然大幅度改變，這些必須是現在就要考慮和面對的問題。

第一部分　能源變革的浪潮

爲清新空氣而改變

如果說國際社會或者說先進國家,更關注二氧化碳排放的話,那麼開發中國家更關心的則是空氣汙染。實際上空氣汙染依然是世界性的問題,印度很多城市的空氣汙染比中國還嚴重。即使是歐洲的很多城市,空氣汙染也備受關注,巴黎在過去幾年裡就曾經因為空氣汙染而對車輛進行了分級管理,在空氣汙染嚴重的時候進行限行。在非洲地區,雖然那裡工業汙染不多,但室內使用薪柴等傳統能源帶來了嚴重的室內汙染。

空氣汙染主要包括可吸入懸浮微粒(PM)、臭氧(O_3)、二氧化氮(NO_2)和二氧化硫(SO_2)等,空氣汙染是影響健康的主要環境危險因子之一,能夠導致呼吸系統感染、心臟病和肺癌等多種疾病。聯合國估計室外空氣汙染每年造成世界上 130 萬人死亡,而室內空氣汙染則造成約 200 萬人過早死亡,其中約有一半為五歲以下的兒童因發生肺炎而死。

亞洲的城市空氣汙染是世界上最嚴重的。據聯合國統計,世界上前 15 個懸浮微粒汙染最嚴重的城市中,亞洲就占

了 12 個。不僅如此，這 12 個城市中的 6 個同時還有高濃度的大氣 SO_2，空氣汙染程度遠超出世界衛生組織（WHO）建議的國際空氣品質指標。

藍天成為大家的共同渴望，並明確傳達了一個想法：寧可放慢發展腳步，也要藍天白雲。「我們發展的目的是為什麼？」這個問題前所未有地具象化了。

針對冬季空氣汙染居高不下的狀況，多個城市的水泥企業、鑄造企業、部分鋼鐵企業都收到了停產的要求。這也非常明確地傳遞出了這樣的訊號：經濟發展不能以犧牲環境為代價。在這樣的理念下，中國政府劃定了京津冀空氣污染控制區，除了北京和天津，還有 26 個城市，簡稱「2+26」。執行更加嚴格的空氣汙染防治政策，在空氣汙染防治重點地區，原則上不再規劃新增燃煤發電建設，並暫緩已納入計畫或核准的燃煤發電。環境保護成為能源發展最重要的先決條件。隨後京津冀的經驗被推廣到了長三角和珠三角地區，這些經濟最發達的地區環境承受力也都已經接近極限。

圖 1-6 是 IEA 統計的「2+26」城市大氣懸浮微粒含量與天然氣消費量變化的圖。為了控制空氣汙染，北方地區廣泛推廣以天然氣取代燃煤。可以看到潔淨能源與空氣品質改善直接關聯，隨著這些地區的天然氣消費量不斷提升，懸浮微粒含量持續降低。

第一部分　能源變革的浪潮

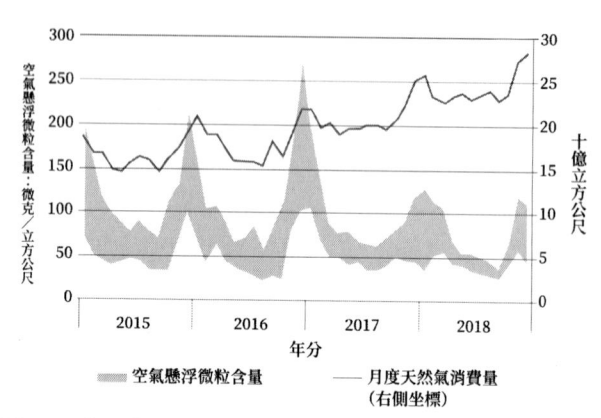

圖 1-6　京津冀地區天然氣消耗增加和汙染降低情況（據 IEA）

效果相當顯著，根據聯合國環境署 2019 年初釋出的《北京二十年空氣汙染治理歷程與展望》報告，北京 2018 年的 PM2.5 年平均濃度是 51，有非常明顯的改善。但這距離世衛組織的最低標準 35，還有顯著的差距。而歐盟 28 國的主要城市平均 PM2.5 含量還不到 15，美國主要城市的平均含量則低於 10。

兩千多名專家歷時兩年的研究成果，認為霧霾的成因是因為京津冀地區的環境容量已經達到極限所致。看起來這似乎是個常識，所以遭到噓聲一片。不過從行政的角度來看，這卻是個非常有操作性的結論。達到極限的意思是即便再增加很小的汙染源，也會導致非常嚴重的後果，結論不言而喻：嚴格限制新的汙染源，化石能源將首當其衝。這對於傳統能

源企業而言，必然面臨巨大壓力，過程也很痛苦。

　　控制能源的做法更可能主要考慮到資源的極限，就像流傳甚久的「石油峰值論」，是指石油資源有限，總有一天會達到生產的峰值，從而陷入資源的恐慌。技術進步，尤其是美國頁岩油氣的大規模開發，以及新能源成本的大幅度降低，使得資源限制得到了根本性緩解。資源極限已經不是迫在眉睫的問題，環境成為能源發展的最大外部因素。

第一部分　能源變革的浪潮

創新商業模式的崛起

　　網路時代改變最大的是資訊的流動模式，從金字塔型的資訊收集傳播，成為完全的扁平化。過去只有透過電臺或報紙等傳媒，才能夠向外釋出資訊，掌握資訊是少數人的特權。但網路首先改變了這一生態體系，已經讓每個人都可以成為通訊社，在資訊分享過程中，資訊的價值不僅沒有因為分享而減少，反而提升了價值。或者可以說，每個人都成為資訊的生產和消費者──既是生產者，也是消費者。透過Line、PTT或者海外的臉書與YouTube，將我們從單向的閱讀者，變成了內容的提供者。網路時代讓每個人都能夠成為一線記者。這已經深刻改變了我們的傳媒體系，那些網紅們甚至比電視臺的主持人更有人氣。

　　對於能源來說，自從進入現代社會，能源的提供者和消費者就一直是分裂的，能源的提供者以大型企業為主，居於金字塔頂端，或多或少有一定的壟斷地位。儘管各種能源技術不斷推陳出新，但從電網獲得電力供應，從天然氣公司獲得天然氣，這似乎是一百多年來經久不變的模式。

但是情況正在改變。能源領域產消合一者（產消者）也如雨後春筍般地發展起來，顯示出日漸明朗的趨勢，預示著越來越多的家庭和社區能源供應方式將發生革命性的變化。

這種模式變化源自太陽能光電、風力發電等可再生能源的快速發展，以及家庭儲能、電動車的增加，再加上智慧電網日趨靈活的互聯互通能力，造就了一些本是能源消費者的居民或工業客戶，也開始同時成為能源的生產者（圖 1-7）。

圖 1-7　傳統能源消費者和能源產消者的對比
（據美國能源部網站 Sarah Harman 製圖）

誰會是能源的產消者？答案是：越來越多的人都可以成為能源產消者。屋頂太陽能光電、小型風力發電機、地熱、生物沼氣、儲能裝置……這些都是常見的在地能源資源，電動車本身也是移動的儲能站。不光是家庭住戶，工廠、醫院、商場乃至社區、城市都可以成為能源的產消者。

第一部分　能源變革的浪潮

無論是在海內外，隨著可再生能源、儲能等成本快速下降，越來越多人可以利用在地分散的能源資源，來為自己提供能源。應用最廣泛的是屋頂太陽能光電。單向電力消費的時代正在成為過去，智慧電網日漸模糊了發電和消費之間的分界。

2015 年，報紙介紹了中國一地的太陽能光電養老。村民每月都可以從銀行領取 2,000 多元「養老金」，這筆錢是供電公司支付給他的太陽能光電站賣電收入，電站回報成了他主要的經濟來源。

該村第一個屋頂太陽能板安裝者表示：「當時安裝了 3 千瓦的太陽能板，共投入資金約 10 萬元，每月平均發電約 300 度，每度電的電費加上補貼，一年算下來有近 2 萬元收益。」他說，鄉下生活消費水準不高，太陽能光電養老是比較理想的選擇，投資報酬高，而且回報期長達 30 年。

據報導，為了更妥善做好配套設備，提出符合農戶需求的「三種模式」：一是業主模式，對於有條件的農戶可以直接全額付款購買。二是「太陽能光電貸」借款模式，透過與銀行信貸合作，實現首付 30%、3 年借貸還款的「太陽能光電貸」，支付較少的首付即能馬上享受太陽能光電站的收益。三是租賃模式。農戶可將屋頂租賃給太陽能光電企業，企業與

居民共享售電收益,讓經濟能力較弱的農戶透過出租閒置屋頂,順利以太陽能光電養老。居民可根據實際情況與不同需求選擇模式,充分享受發電收入以及節省的電費。

事實上,更早之前同樣的事例就曾發生在其他地方,在英國的 Wadebridge 小鎮,Steve Kessell 開了一家供應早餐加住宿的家庭旅館,2014 年在屋頂裝了太陽能板,因為當時政府給予了補貼,Steve 估算,他每年省下的電費是 1,800 英鎊,按此計算,他六年時間就可以收回當初的投資。在英國別的地方可能就沒有這麼好的日照條件,也許需要 10 年或者更久才能收回投資。Steve 很高興當初做出這個決策,省下的錢和賺到的錢是一樣的。

但這還說不上完美,因為沒有儲能的設施,Steve 的策略是盡量在白天太陽能發電的時候來進行洗衣、烤箱、熨燙等高耗能的工作。考慮到過去的這五年時間裡,相應的太陽能光電設備成本又降低了一半多,儲能也更加便宜,如果是在現在,Steve 即使不要補貼,也會有更好的效益。實際上歐洲的屋頂太陽能光電發展過程中確實也受到一定的壓力,因為有著大屋頂的往往是有錢人,透過補貼獲得支持有些劫貧濟富的味道。但正是這些先行者展現出希望,也得益於政府的補貼政策,太陽能光電產業得以更快速地取得突破,已經加

快步入不需要補貼的階段。

下圖呈現了中國分散式太陽能光電（家庭和工商業為主）的發展情勢，分散式太陽能光電的成長速度已經超過了集中式（圖1-8）。這張圖是基於2016年的實際資料進行的預測，2018年實際最大發電容量已經明顯高於預測，其中主要成長來自分散式太陽能光電的發電容量。這張圖也間接說明了現實發展的速度遠超過預測。

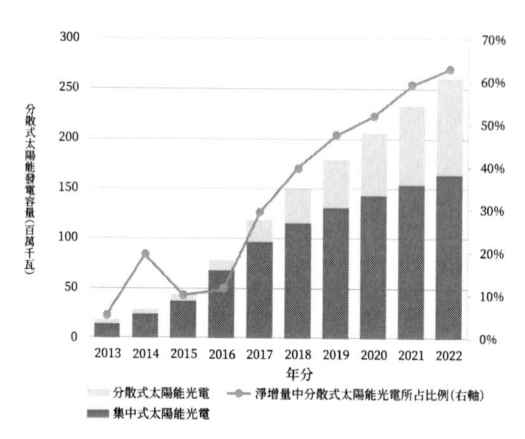

圖1-8　中國分散式和集中式太陽能發電容量累計情況及預測
（據IEA，2017）

2018年，中國新增太陽能發電容量4,400萬千瓦，累計太陽能發電容量1.74億千瓦。據太陽能光電協會公布的資料，分散式太陽能光電第一次超過了集中式太陽能發電容量。2019年繼續維持分散式太陽能發電容量超過集中式的趨

勢，而且小規模的分散式太陽能光電占將近一半。

對於那些具有一定規模的工業和商業使用者，能源產消者會有更多選項。上海迪士尼樂園就是個案例。上海迪士尼占地116公頃，有上百座建築，是全球首個採取分散式能源系統的迪士尼樂園。樂園的能源供應系統可以集中提供冷氣、暖氣、電和壓縮空氣（用於遊樂設施）等四種能源，由於達成了能源的梯級利用（即發電後的餘熱也可以用來製熱或製冷等），一次性能源的綜合利用率超過了85%，比常規的能源使用方式提升將近一倍的效能。專案採用的一次性能源是天然氣，計劃使用十臺4.4兆瓦的內燃機組，除了餘熱製冷、製熱和蒸汽，還可以採用水儲蓄冷和熱，用於電力調度。據了解，這個專案投入執行後營運良好，經濟效益也不錯。

當然，這樣的能源供應系統需要更加智慧的大腦，使用智慧控制系統，可以更準確地將能源生產與需求相互匹配，透過溫度感測器、壓力感測器和超音波流量計接收裝置，對供水管網的水溫、水壓等參數進行即時監控，並由集中控制系統即時改善協調，對園區的能源需求做出及時回應。另外，透過大數據分析，還能提前對園區的能源需求進行預測，為各主要設備提供最經濟的執行方案，實現能源生產和需求的最佳匹配。

第一部分　能源變革的浪潮

　　生質能源是另外一個非常適合就地利用的能源。生質能源是個容易被忽略的重要一次性能源，2018 年，生質能源消耗（不含薪柴和生物乙醇等）占了全球一次性能源消耗約 3％。不同於其他可再生能源，風和光不利用並不會造成什麼環境的損害，但是很多生質是需要處理的，否則就會形成環境汙染。在中國，每年為了防止稻稈就地焚燒造成空氣汙染，可以說是極其頭痛的問題，但如果稻稈不處理就會影響耕種，而且也會因為變質而影響土地的產量。由於生質能源能量密度低，長途運輸往往不具備經濟性，就地利用是最好的選擇，因此以分散式就地利用生質能源有經濟和社會的雙重效益。

　　下圖標示了德國全境大大小小的生質能源，密密麻麻遍布全境，很多都是小型的生質能源。其中包括近萬家的生質氣，大部分都是分散式的，也是典型的能源產消者（圖 1-9）。

　　值得一提的是，德國的生質燃氣（Biogas）非常發達，農田廢物會用專門的發酵罐進行發酵，產生的甲烷和其他氣體可以作為低熱值氣直接進行發電，也可以將甲烷進一步純化後輸入天然氣管網，這已是非常成熟的產業。德國最大的天然氣企業 Uniper 也開發了很多生質能源。

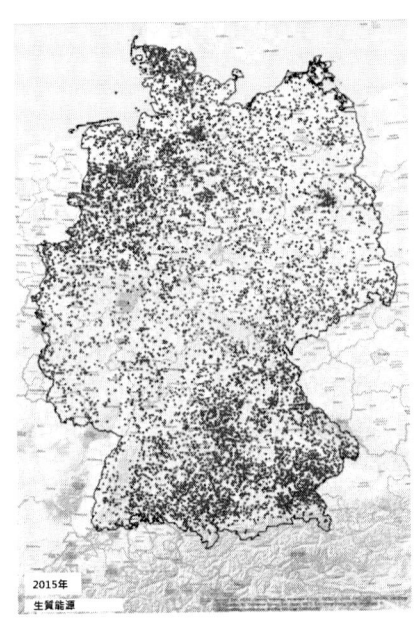

圖 1-9　德國生質能源分布示意圖（據 Data，2019）

　　能源產消者的大行其道關鍵是智慧電網的配套支持，可以靈活地消納分散式的電力（圖 1-10），並且提供支撐，否則就只會是能源孤島。各國政府也看到能源產消者帶來的機遇，紛紛發表政策支持。美國能源部發表了一項能源網路現代化倡議（GMI），支持企業和民眾透過加快智慧電網建設來促進能源產消者的發展。GMI 在先進儲能技術、潔淨能源併網以及其他相關的電網現代化技術研發方面給予了大力支持。GMI 聚焦於未來電網的結構概念、工具及技術的發展，

從而可以用於測量、分析、預測、保護未來電網的特性，使得這些技術和工具可以得到更廣泛的應用。

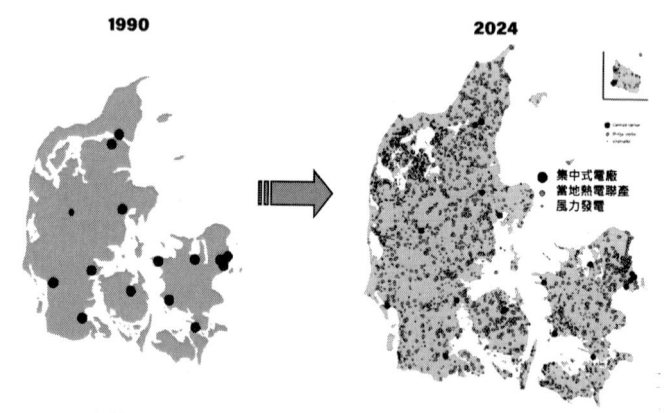

圖 1-10　丹麥能源發展對比，分散式能源的發展使得能源供應更加潔淨、便宜且可靠（據 David Roberts）

中國也大力推動智慧電網的建設，儘管這一領域還在起步階段，但在設計上已經具有部分產消合一者的特徵。這些摸索，不僅可以測試並尋找更好的技術及商業模式，同時也可以對政策的調整方向有更好的認知。

隨著全球城鎮化的加速，城市建築耗能的壓力會越來越大，城鎮中可以綜合利用各種新能源（「開源」），同時又能夠利用各種餘熱、餘能提升效能（「節流」）的平臺──「城市區域能源」的重要作用會日益彰顯。聯合國環境規劃署帶頭於 2015 年頒布的報告《城市區域能源：釋放新能源和效能的

潛力》(*District Energy in Cities: Unlocking the Potential of Energy Efficiency and Renewable Energy*)，從技術、政策和融資的角度，分析了全球48個城市區域能源的最佳實踐，結論令人振奮：為了實現2030年全球永續發展目標，如果全球城市都能推廣高效綠色安全的區域能源，對全球節能和減排的貢獻率分別可以到達50%和59%。

產消者的興起向我們展現了令人嚮往的趨勢，這將是可再生能源應用的最佳方向之一，因為不用長距離運輸，效率會大大提升，而且減少很多投資，對於保護環境、創造新的經濟成長都大有裨益。對於能源安全而言，分散式能源不會受到電網大停電之類的影響，甚至還可以提供電網「黑啟動」服務。而且更有吸引力的是，能源消費也將打破工業色彩濃厚的傳統，具備鮮明的個性化色彩，變得很「酷」。綠色能源不再是大企業的專利，當Google、巴黎萊雅這些明星企業宣稱自己實現100%綠色能源的產品時，家庭和個人也可以經濟地實現高比例的綠色能源消費，展現自己的偏好。當然這個過程中也涉及商業模式的創新，核心問題是誰來為額外的成本買單。不過隨著綠色能源成本的降低和能源服務效率的提升，這個差值也在快速變小。

能源產消者的興起，使能源可以成為消費者表達自己理念和訴求的一種方式，就像是在後院種植自己喜好的蔬菜。

第一部分　能源變革的浪潮

Bertrand Piccard 是第一個駕駛太陽能飛機環遊全球的人，我多次有幸和他交談並聆聽他的演講。他說：當今世界，我們最大的挑戰不是要征服太空，而是要過上有品質的生活。這句話讓我印象非常深刻。他還說，我的太陽能飛機雖然沒有載任何一名乘客，但是卻承載了一條重要的訊息：我們不用化石能源也可以實現環球飛行。人類要改變的不是這個世界，而是自己思考模式。

引領未來的創新力量

先驅者是一個充滿希望的字眼。中國期望加快促進太陽能發電技術進步、產業革新,推進太陽能發電成本下降、電價降低、補貼減少,最終實現平價出售。第三批先驅者競價的結果顯示:部分地區的報價已經低於當地火力發電的價格,太陽能光電正在迎來平價出售的時代。

2018年中國陸上風力發電平均造價較2017年進一步降低,而太陽能發電產能持續擴大,太陽能光電平價出售已經在多個地區實現。

太陽能光電是在可再生能源領域發展最快、也最波瀾起伏的產業,締造了無數迅速崛起的企業,也在激烈的競爭和政策變化中導致了無數泡沫的破裂。但毋庸置疑的是,十年來,太陽能光電的平均成本降低了80%左右,除了規模化帶來的成本降低,關鍵還是技術進步,光電轉換效率不斷提升。這樣的降低幅度只有一個產業可以與之媲美——資訊產業,也就是資訊和網路產業。這也預示著太陽能光電和資訊這兩個產業未來會更加緊密結合,並將推動更大的產業革命。

第一部分　能源變革的浪潮

2019 年 5 月，位於阿布達比的全球最大單體太陽能光電站 Noor Abu Dhabi 併網發電，這個 117.7 萬千瓦的太陽能光電站曾經創造了多個世界之最，不僅單體最大，也曾經是透過競爭報價實現價格最低。2016 年，丸紅和晶科組成的財團競標成功時，報價是每度電 2.42 美分，已經遠低於很多火力發電廠的銷售價格了（圖 1-11）。

圖 1-11　阿布達比百萬千瓦太陽能光電基地的鳥瞰圖（據 Newatlas）

中東的荒漠地區日照強烈，全年日照量比溫帶地區高接近一倍。這些地方土地便宜甚至免費，加上優惠的財稅條件、較低的融資成本，都是創造低電價的因素，當然太陽能光電技術的進步和成本的降低是最重要的驅動力。中東和北非這些傳統化石能源生產國，對新能源發展寄予厚望，也期望依靠新能源的發展來擺脫石油依賴。另外一個額外的好處

是新能源發電基本不消耗水資源，在水貴如油的這些乾旱地區，這也是非常重要的一個刺激因素。

阿布達比的低電價紀錄並沒有維持太久，隨後 2017 年墨西哥能源部也推出了百萬千瓦級的太陽能光電採購競標，義大利 ENEL 綠色電力公司報價每度電 1.77 美分，這超出了很多人的預期。

中國的太陽能光電元件製造產業在過去的十來年時間裡，幾家歡樂幾家愁，不少企業經歷大起大落，但整個產業的產量持續快速成長。使用者也由出口為主變為出口內需市場平分秋色。

據資料記載，2018 年中國全國太陽能光電元件產量達到了 8,570 萬千瓦，較前期成長 14.3％，預計 2019 年將超過 9,000 萬千瓦（圖 1-12），其中差不多一半出口到國際市場，中國製造了全球七成以上的太陽能光電元件（圖 1-13）。在新技術初露頭角的時候，政府的各種支持往往會使一個國家的產業規模快速擴大，贏得國際競爭力，從而會與競爭者拉大距離。這也是各國儘管爭相指責對方行為不符合市場經濟，但各自也都會以不同形式進行支持甚至補貼的原因。不過這也有些類似風險投資，大部分都有打水漂的風險，這方面的例子也不勝枚舉。

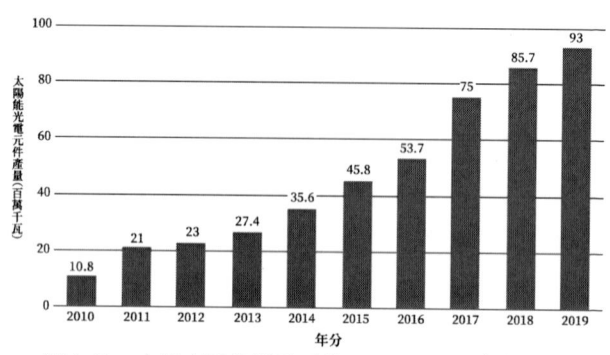

图 1-12　中國太陽能光電元件 2010～2019 年的產量
（據中國太陽能光電行業協會）

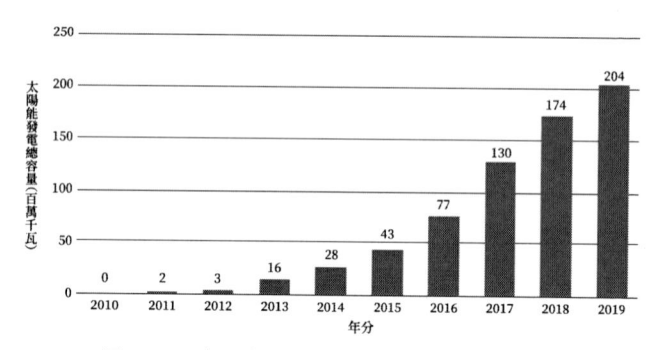

圖 1-13　中國太陽能光電發電總容量成長情況
（據中國太陽能光電行業協會）

2017 年 9 月，第一座太陽能光電博物館在中國江蘇開館（圖 1-14）。曾經靠太陽能光電成為中國首富的施先生在自己的家鄉出席了太陽能光電博物館的開館儀式，在他身上似乎已經看不到過去的輝煌經歷，他津津樂道的是太陽能光電的個性化應用。

該館據稱是中國第一個太陽能光電博物館,背後有一大批在江蘇地區發展的太陽能光電及相關產業的企業群,這樣的產業群體在中國的很多城市都有,已經成為當地經濟發展的重要動力。

就在博物館門口的水塘裡,有幾臺太陽能光電加氧器在運作,太陽能光電驅動的電機帶動葉片換氧。這樣直接應用便省去了輸電過程,效率也會更高。江蘇的太陽能光電產業已經成為群體式發展,太陽能光電工業園區進駐企業數量不斷增加,競爭促使企業在不斷提升技術水準、降低成本的同時,也刺激企業創造更加個性化的應用,比如彩色的瓦片型太陽能屋頂等,透過個性化的設計尋找太陽能光電產業新的成長方向。

圖1-14　中國太陽能光電博物館(圖片來源:揚中市政府)

第一部分　能源變革的浪潮

　　十年前，人們還無法想像這個產業的成本能夠如此之快地降低，更難以想像太陽能發電可以和常規電廠進行平價競爭，而現在這正在成為現實。基於這樣的情勢，2018年國際能源署的世界能源展望報告宣稱，在下一個十年裡，在世界上不同地區（陽光資源、成本條件等），太陽能光電會在不同時間點成為所有發電形式中綜合成本最便宜的（圖1-15）。也就是說，未來人們對太陽能光電產品趨之若鶩將不僅是因為它綠色零碳，而且更是因為這是最便宜的發電方式。

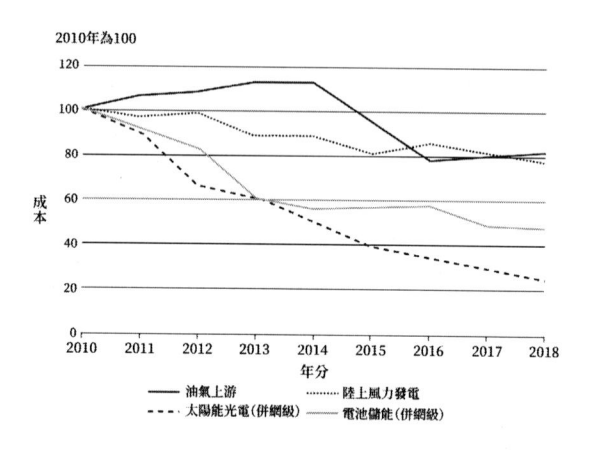

圖1-15　不同能源種類及燃料的資本成本（據IRENA）

移動式解決方案的未來

　　電力本身屬於即時生產即時消費，如果生產和消費不匹配，就需要電力儲存設備。在電力系統中，電力調度和儲能是保障系統安全穩定執行的必要條件。在太陽能光電、風力發電等變動性能源增加的能源系統中，儲能的重要性不斷增加。

　　在傳統的儲能手段中，抽蓄水力發電是最重要的方式，目前抽蓄水力發電全球發電容量約 1.5 億千瓦。透過用電谷底時將下游水庫的水抽到山上的高庫，待用電高峰時再放水發電，來滿足電網削峰填谷的需求。抽蓄水力發電廠往往是有山有水的好地方，但這也恰恰成為限制條件，一方面這樣的地方並不是隨處都有，另一方面也並不是都適合進行開發。

　　近年來隨著技術進步，電池儲能快速增加，新增安裝量逐年成長，增量堪比抽蓄水力發電新增發電容量。相對於抽蓄水力發電，電池儲能規模和安裝地點都更加靈活，可以是集中的電廠規模為電網服務，也可以是家庭使用的家用儲能產品。

截至 2018 年底,全球的電池儲能累計安裝量已超過 800 萬千瓦。2018 年新增電池儲能的安裝量比 2017 年又將近翻了一倍(圖 1-16)。尤其是使用者端的新增電池儲能發展迅速,新增安裝量差不多是 2017 年的三倍。主要的國家是韓國,其次是中國、美國和德國。新興市場的發展也很迅速,包括東南亞和南非等地區,也是藉助電動車強力政策支持的帶動。這個快速發展的背後也得益於成本的快速下降,比如從 2016 年到 2017 年,單位電池價格降低了 22%。

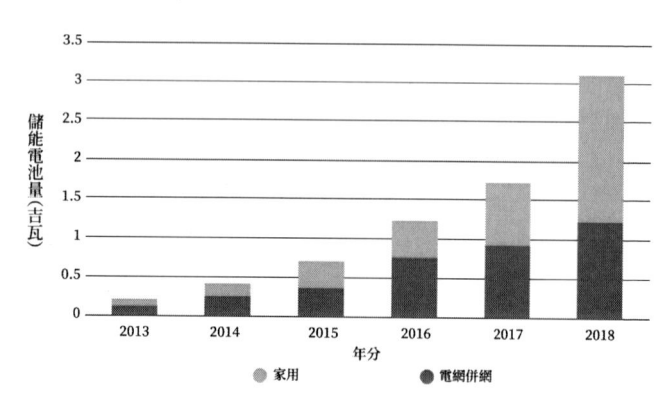

圖 1-16 2013～2018 年投入執行的儲能電池容量(據 IEA)

注:上半部分是使用者端於電表後面安裝的電池,下半部分則是電網規模的電池安裝量。分散式使用者儲能快速增加,已經超過了電網規模的儲能安裝量,這也是和分散式能源發展相適應的結果。

移動式解決方案的未來

儲能也可以看作是新能源的關鍵點之一。比如中國知名的儲能產業公司寧德時代成立於 2011 年，短短 7 年後掛牌上市，並迅速成為市值最高的公司，其主要業務就是儲能電池。

值得指出的是，推動電池儲能技術快速發展的主要力量並非來自能源系統，而是電動車的發展。在電動車快速推進的過程中，電池是最關鍵的制約因素，電動車發軔初期，電池對於電網的電力調度還是個似乎很遙遠的話題，但這兩個領域迅速交會，融合為能源革命中的有力元素。

電動車快速發展，是 21 世紀一個重要趨勢，正在帶給大家的生活巨大變化，在很多城市，電動車已經成為最優先的選擇。電動車不僅是潛力巨大的電力使用者，將來必然會成為規模龐大的移動儲能站。

IEA 最近釋出了《全球電動車展望 2019》（*Global EV Outlook 2019*）報告，這份年度報告再次見證了全球電動車銷量的快速成長（圖 1-17）。2018 年，全球電動車銷售數量超過 200 萬，比 2017 年又翻了一倍，使得全球電動車累計持有量突破了 500 萬輛大關，達到了創紀錄的 510 萬輛，較前期飆升了 63%，這樣的發展速率即使在新興產業也屬於高成長。這背後的重要因素仍然是政策支持和技術進步，尤其是電池效能進一步提升、成本進一步下降，從而繼續推動了全球電動車市場持續成長。

第一部分　能源變革的浪潮

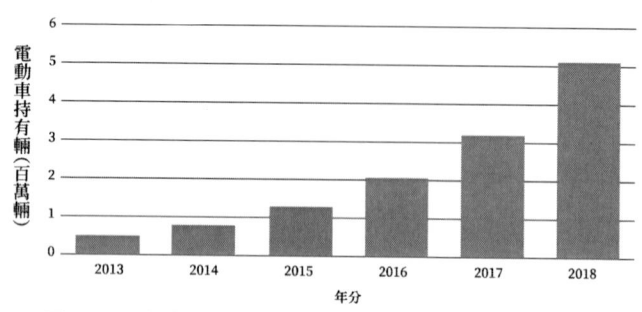

圖 1-17　全球電動車（油電混合車）持有量情況（據 IEA）

　　一方面技術進步推動電動車迅速發展，另一方面空氣汙染和排放迫使各國政府不斷強化潔淨能源政策，傳統燃油車面臨越來越大的壓力。2018 年可以說是汽車產業的分水嶺，在歐洲，很多國家制定了燃油汽車退出的時間表。截至目前，荷蘭、挪威、巴黎、法國、英國、印度等國家均推出了具體的禁售時間表，時間最早的為義大利羅馬的 2024 年，最晚的是英國、法國的 2040 年。最積極推進電動車的挪威，則計劃在 2025 年全面禁止非電動車，以目前已經將近一半的電動車比例看，似乎已經不是什麼難事。就連印度也表示正在制定一項促進電動車產業的政策，計劃於 2030 年在全國不再出售純汽油車和柴油車，全面淘汰燃油汽車。儘管禁售是十年以後的事，但對於消費者預期和投資的引導效應立竿見影。各大汽車企業也開始相繼制定全面轉向新能源產品的計畫，2017 年 7 月，全球知名汽車企業富豪公司宣布將在 2019

年達成電動或油電混合車的生產，不再生產純燃油車。福斯則預計 2030 年實現電動化，豐田計劃 2025 年前停止生產燃油車，2020 年所有捷豹路虎車型將均是純電或混動動力等。

在中國，關於汽車未來發展也有激烈的爭論，但尚未有明確的定論。2017 年 9 月，已經著手進行停止生產消售傳統能源汽車的相關研究。2019 年 5 月，對中國實施禁售傳統燃油車的可行性提出建議。儘管仍在討論之中，但現實看起來已經很嚴峻，傳統燃油乘用車經歷二十多年的高成長後，2018 年首次出現了銷量負成長，向市場釋放了強烈訊號。

在全球新增的電動車銷售中，中國市場占有率最大，達到了 110 萬輛，占全球總銷量的一半以上；緊隨其後的是歐洲和美國，銷量分別達到了 38 萬輛和 36 萬輛。在 510 萬輛的全球持有量中，中國市場持有量高達 230 萬輛，也占到全球總量的近一半，是全球最大的電動車市場。歐洲和美國分別以 120 萬輛和 110 萬輛位居第二、三位。而在電動車市場占有率方面，北歐國家處於領先地位。其中的先鋒國家挪威電動車占新車銷售量的 46％，是全球電動車銷售市場占有率最高的國家，是第二大市場占有率的冰島（市場占有率 17％）的近三倍。第三大市場占有率的瑞典是 8％，第四大市場占有率的荷蘭則近 7％。中國由於其龐大的基數，電動車銷量僅占約 4.5％。

伴隨電動車蓬勃發展而來的是充電基礎設施（充電樁）的規模快速擴張，這將為電動車的長途行駛提供保障。2018年，全球電動車充電基礎設施（包括公共和私人）數量約520萬個，其中約有54萬個是公共充電設施。這些公共充電設施近三分之一是快速充電設施，三分之二則是慢速充電設施。與電動車一樣，中國也是全球公共充電設施數量最多的國家，其中快速充電設施占全球公共快速充電設施總量的40%左右，慢速充電設施占比則高達78%。

新能源汽車產業的加速發展，不僅為各國經濟成長注入強勁新動能，也有助於減少溫室氣體排放，應對氣候變遷挑戰，改善全球生態環境。新能源汽車產業，蒸蒸日上，正在迎來果實纍纍的時代。達到的成就比預期待的更好，中國的電動車年銷量已經突破百萬。2018年中國傳統轎車首次出現負成長後，新能源汽車的地位更加突顯。

電動車不僅改變了汽車工業，也正在深刻改變能源的業態，儘管現在看起來似乎還微不足道。全球來看，2018年電動車消耗的電力不過是0.2%，替代掉的石油也才區區每天幾十萬桶，以全球每天接近億桶的消耗量而言，微乎其微。但經濟運行規律的趨勢是呈現在邊際或者說增量上的，考慮到電動車的成長情勢幾乎是等比級數，對形勢的判斷就完全不同。

移動式解決方案的未來

根據國際能源署的預測，到 2030 年，電動車全球持有量將達到一億輛左右。這就代表著電力的消耗會達到 5%，在某些特定時段，可能占到整個裝置容量的 20%以上。如果不加以管理，這個變化很大的負荷很容易會使電網崩潰，但反過來看，電動車也是自然的儲能裝置，如果可以為電網進行智慧電力調度的話，電動車也可以提供規模驚人的電力調度能力，甚至可以不再需要大部分的電力調度站。

這就是 V2G（電動車到電網）技術，透過電動車的電池與電網互動，實現電力系統，提升更大的價值。也可以說 V2G 描述了電動車與電網的關係，當電動車不使用時，車載電池的電能銷售給電網的系統，如果車載電池需要充電，電流則由電網流向車輛，而這一過程將根據價值最大化的原則來運行。因為電力需求是隨時變動的，電網本身並不能儲存電力，靠的是隨時調度發電機組來因應需求變化，現在隨著越來越多的不穩定可再生能源併網，電網面臨的挑戰變得更大，能夠瞬時啟動的備用發電容量越來越值錢。

說得更具體，早上上班後用電高峰來了，電網就要調度打開更多機組，提升發電功率；夜裡工廠停工，大家都睡了，用電谷底來了，電網就關閉機組，降低功率。這個過程可以簡單地理解為負荷調節，如果這種調節跟不上，輕則電力頻率會波動，比如 50 赫茲就會變成 50.1 赫茲或 49.9 赫茲，

再嚴重點就會停電，從小範圍甚至到大範圍停電。而電動車裡的電池是非常優質的瞬時備用電源，如果調度得當，就是現成的備用電力容器，比電廠更容易啟停。由於大部分車輛95％的時間是處於停駛狀態，車載電池就可以作為一個個分散式儲能單位。

2016年8月，全球第一個V2G商業案在哥本哈根投入營運。儘管規模不大，但是個典型的跨產業國際合作專案，電動車的製造商是日本的日產Nissan公司，充放電基礎設施是歐洲新能源和智慧電網的先行者Enel公司，還有位於加利福尼亞的Nuvve公司，這家公司長期致力於V2G技術及服務的研發工作，其開發的平臺GIVe™專門致力於車網融合。

哥本哈根市公共服務公司Frederiksberg Forsyning是業主，按計畫安裝了10套Enel的V2G充放電裝置，並購買了10輛日產零排放的純電動轎車Nissan e-NV200。當車輛不用時，就插入充放電裝置中，隨時連到電網充放電，成為電網的移動能源站。每臺汽車的車載電池可用容量大約相當於10千瓦，總共有差不多100千瓦的容量。Nuvve公司的平臺來負責控制充電或放電的過程，這個平臺是最早由Delaware大學所研發，首先將確保汽車滿足正常行駛所需電力，在此基礎下，持續加強，為電網提供包括調頻等備用服務。

V2G對現有的商業模式也有正向影響。城市公共服務公

司 Frederiksberg Forsyning 憑藉該專案積極參與丹麥的能源管理系統，丹麥國家電網營運商 Energinet.dk 也非常希望透過這一示範專案的成功來將這一技術推廣到全國，從而提供更穩定的電網服務。丹麥 2018 年可再生能源的比例已經達到了 27.7%，可再生能源發電比例接近一半，遠高於世界平均水準。在未來可再生能源占有高比例的情況下，丹麥也正在為全世界探索實驗。

車網融合正在遍地開花，2018 年 EV Consult 釋出專門的產業報告，透過對全球 50 多個 V2G 的研究，認為在經歷了多年的研究示範後，V2G 實現商業化營運的時代已經來臨。

2019 年初，雷諾宣布推出 V2G 充電小規模測試，利用交流充電樁，也就是我們說的慢充樁，由車輛向電網釋放電能，以供家庭、企業及公共設施使用。日本的本田公司 2019 年也正式釋出 Wireless Vehicle-to-Grid 無線充電技術，基於 V2G 車聯網的雙向能源管理系統，本田 Wireless Vehicle-to-Grid 技術以無線方式連結電動車、插電式混合電動車等電力系統，將車輛停在墊片上就能夠充放電。這在大幅提升充放電便利性的同時，也為未來自動駕駛車輛提供了想像空間。

不僅是電動車，燃料電池和氫能也在吸引越來越多的關注。傳統上，氫始終作為化工原料在使用，2018 年全球使用

量約 8,000 億立方公尺，數量龐大。氫也可以作為便於儲存運輸的能源，人們對於這方面的探索始終沒有停止。在 20 世紀石油危機時期，各國都曾掀起氫能研究的高峰，進入 21 世紀後氣候變遷壓力與日俱增，氫能開發再次受到重視。

製氫的方法有很多種，傳統上多是透過化石能源，如煤和天然氣熱解來製氫，這些氫被稱為是「灰氫」，因為獲取這些氫的過程中也會增加二氧化碳的排放；而採取二氧化碳捕捉封存 CCS 技術的氫則被稱為「藍氫」。隨著可再生能源的快速發展，透過可再生能源電解水製氫就可以獲得零排放的「綠氫」，同時氫也具備強大的電力調度能力，可以用作可再生能源的電力調度儲能手段。與電池相比，氫的儲能量更大，而且儲存時間可以跨季節，是打破能源各自為政現況的重要橋梁。

氫氣本身也是高熱值的燃料，在歐洲已經有實務事例利用可再生能源製氫氣直接注入天然氣管網。2019 年 4 月，義大利國家天然氣公司 Snam 啟動了一個摻燒 5% 氫氣的示範案，於義大利 Salerno 省實行，摻燒的氫氣混合燃氣供應給當地兩個企業，其中包括著名的義大利麵製造商 Orogillo，Orogillo 在自己的官方宣傳網頁上自豪地宣布：我們出產世界上第一份以氫為燃料的義大利麵。如果 Snam 輸送的所有燃氣都摻入 5% 的氫氣，則將需要每年 35 億立方公尺的氫

移動式解決方案的未來

氣,並減少 250 萬噸的二氧化碳排放。這項實驗的意義在於可以測試現有基礎設施對氫氣的配合程度,如果能夠和天然氣妥善地進行融合替代,氫氣的應用情景就會大大擴展,而且與現有基礎設施相容。據挪威開展的相關實踐,摻入 10% 的氫氣也完全沒有問題。挪威船級社也在研究,更新輸氣管道材質並摻入 30% 氫氣的狀況。理論上,如果天然氣管材是塑膠類的話,氫氣的摻入可以達到 100%,當然這些應用情境也需要認真研究使用者端的需求。天然氣本身也是重要的電力調度能源之一,在能源轉型中,天然氣能夠繼續扮演重要角色,不僅因為它相對潔淨,也因為它提供了重要的潛在靈活性。

氫透過燃料電池發電可以與電力妥善融合,不僅可以靈活的儲能,也是很好的電力調度電源。這也是很多國家和機構對氫寄予厚望的原因,因為氫可以與所有現有的能源體系進行順暢的轉換,為系統帶來更大的靈活性。在一個高比例的可再生能源系統中,提升系統靈活性無疑是非常有價值的。但大量備用的氫燃料電池也代表著成本增加,如果結合燃料電池汽車的日常應用,產業化的前景看起來非常光明,這一點和化學電池有相似之處。

從客觀角度來看,燃料電池的發展也將與化學電池和純電動車形成競爭,這其中一個關鍵因素是規模成本效益,所

第一部分　能源變革的浪潮

以搶占策略制高點非常重要，日本是這方面的先行者。2019年日本的G20能源部長會議，討論最多的能源議題就是氫能。為此日本政府還支援IEA特地出版了一本報告《氫能的未來》(The Future of Hydrogen)，系統性地梳理氫能發展的狀況和面臨的機遇，在會議期間隆重推出，受到了各國政府和機構的關注。

日本政府對氫能的大力扶持，展現了特色鮮明的國家能源策略，因為日本缺乏本土生產的能源，石油、天然氣幾乎百分之百依靠進口，因此對能源安全的憂慮貫穿了日本的國家策略，即使在福島事件後，日本也沒有果斷棄核，也是因為日本把核電作為一種可靠的本土能源。從這個角度出發，就不難理解日本幾十年持之以恆地發展氫能的韌性，因為這是一種可以視為本土能源的資源，對日本的意義不僅涉及能源潔淨發展，更可以作為能源安全的支柱。日本也在和澳洲、汶萊等國家探討進口在這些國家生產的氫，從而使能源供應更加多元化。

技術路線之間的競爭經常超越了技術本身，商業模式和政策至關重要。氫能燃料電池和化學電池是相對典型的例子，因為它們的產業鏈很長，一旦當基礎設施、市場等占據優勢，產業的發展就會產生「馬太效應」，占有優勢的一方的就會利用規模效益進一步強化優勢，從而產生更強的排他

性。這也是在技術競爭的過程中相關產業往往致力促使其上升為國家策略的動力所在。如果看得準，國家的支持可以大大加速這一程序，使本國企業占據國際優勢，當然也有很多看不準的情況，具備些許風險投資的特點。在氫能發展過程中，不少相關國家也都制定了非常積極的支持政策，一些地方政府也熱烈追捧，企業如雨後春筍般出現。但這些努力能否取得類似新能源的效果，尚需市場的檢驗。

　　新能源的發展，已經不再是可再生能源一枝獨秀，在數位化的推動下，新的能源業態正在形成，將電力、燃氣、儲能等前所未有地整合起來，大大地提升了能源效率，降低了排放，為人類應對氣候變遷提供了有力工具。

第一部分　能源變革的浪潮

第二部分
數位化如何重塑能源領域

第二部分　數位化如何重塑能源領域

　　數位深刻地改變了我們的生活，但對能源的改變才剛剛開始，力量正在積蓄，將推動能源從單純的供應不斷轉向服務，這也是能源革命實質性的展現。

　　人們往往過於沉迷當下，需要透過經常回顧歷史來面向未來。1999 年 9 月 3 日，由媒體和早期網路企業發起的「72 小時網路生存」活動，旨在推動網路應用，參加這一活動的 12 名志工在北京、廣州和上海三地獨立的房間內，完全依靠網路來滿足自己的生存需求。這些志工忍飢挨凍，有些人喝了三天豆漿來勉強度日，也有人在餓了兩天後終於堅持不住而退出，這件事也成為網路在中國開始發展的代表性事件，那個時候的網速、網路服務、配套措施如快遞等，與現在不可同日而語，網路訂餐遠沒有打電話來得可靠。

　　短短一、二十年過去，翻天覆地的變化已是有目共睹。17 年後，在上海舉辦世界行動通訊大會期間，主辦方為了致敬 1999 年的那次活動，別出心裁地舉辦了一場「72 小時無網路生活測試」活動，參與該活動的志工們最終都表示：在經歷三天沒有網路的生活後，幾乎都要「崩潰」了。

　　網路技術正在刷新每一個傳統產業，改變了很多基本的執行框架，也改變了人們的生活。網路核心的理念是共享，透過共享，人們大大降低了交易的成本，從而革新和催生出很多新的產業，比如世界上最大的旅館沒有一間客房（Airbnb)，最大計程車公司沒有一輛屬於自己的車（Uber），這也促使絕大部分傳統產業都在革新轉型。不過對於能源產業而言，這種改變僅是剛剛拉開帷幕（圖 2-1）。

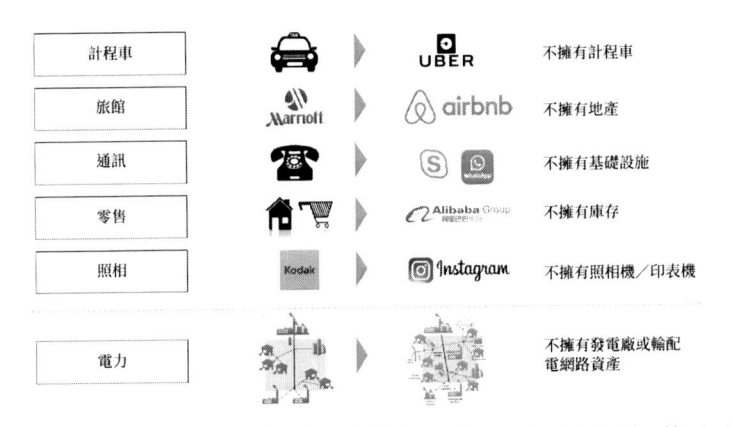

計程車	🚕 ▶ UBER	不擁有計程車
旅館	Marriott ▶ airbnb	不擁有地產
通訊	☎ ▶ Skype WhatsApp	不擁有基礎設施
零售	🏠🛒 ▶ Alibaba Group	不擁有庫存
照相	Kodak ▶ Instagram	不擁有照相機／印表機
電力	▶	不擁有發電廠或輸配電網路資產

圖 2-1　英國 poyry 顧問公司首席數位官 Stephen 繪製了對比鮮明的圖，可以看出數位化和網路對許多產業的巨大改變，對能源產業的改變可以說才剛剛開始（據 Poyry）

第二部分　數位化如何重塑能源領域

科技如何改變能源格局

《第三次工業革命》一書中敏銳地意識到網路技術將極大地改變能源的結構，可再生能源將結合網路技術的發展而突飛猛進。九年過去，現實的軌跡比預想的進展還要快。新能源技術迅速發展，成本快速降低，同時感應器、儲存裝置、寬頻等相關的數位技術 CP 值的提升比新能源還要快得多。智慧能源網路、智慧能源、能源物聯網等相關的概念蓬勃發展，日益受到重視，看到了大規模發展的曙光。可以說，資訊科技的發展已經為能源產業大規模的數位化奠定了扎實基礎。

尤其值得重視的是消費側的數位化和智慧化，數位化為能源消費者賦予了前所未有的能力，不僅可以更智慧地高效利用能源，而且也可以更加便利地利用各種分散式能源技術而成為能源的產消合一者，數位化使它們成為推動能源革命的要角。消費側的智慧化從末端開始迫使整個能源體系重構，在市場經濟的框架中，能源消費者終於逐漸回歸到應有的主導地位。

能源的數位化已經引起各國政府和企業的重視，儘管重視的程度可能還有不小的差異。國際能源署 2017 年能源部長會議的主題報告是「能源與數位化」。有意思的是，在這份報告裡，首先盤點了在資本市場上全球最大的前十名公司，與十年前雄踞榜單的能源公司全然不同，以大數據和智慧化為主的技術公司全面取代了能源公司在榜單的位置。時隔兩年，這個趨勢更加明顯，原來唯一上榜的能源企業領軍者埃克森美孚也出了局（圖 2-2）。

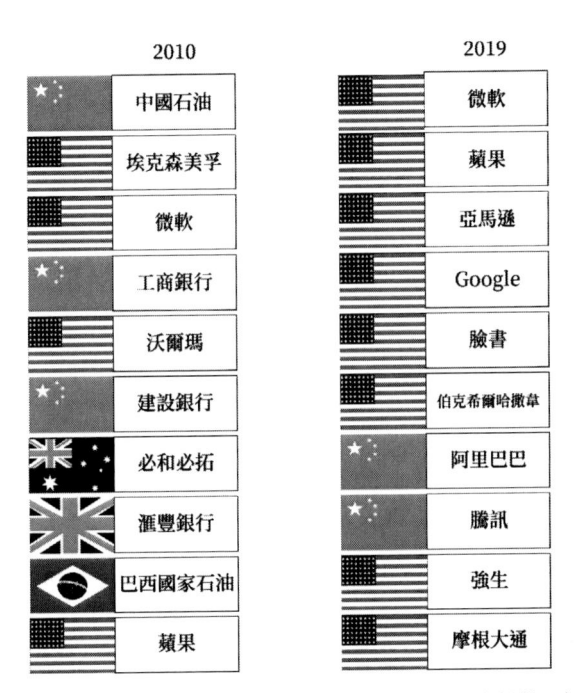

2010	2019
中國石油	微軟
埃克森美孚	蘋果
微軟	亞馬遜
工商銀行	Google
沃爾瑪	臉書
建設銀行	伯克希爾哈撒韋
必和必拓	阿里巴巴
滙豐銀行	騰訊
巴西國家石油	強生
蘋果	摩根大通

圖 2-2　全球市值最高公司變化對比圖（根據網路資料整理）

第二部分　數位化如何重塑能源領域

2010 年全球市值最高的十家公司中有三家是能源公司，2019 年全球的能源企業無一上榜，資訊科技公司占據了前五名。

這個榜單的變化也傳遞出一個重要的訊息：技術正在變得越來越值錢。如果說過去占有石油、天然氣等資源是維護能源安全的基礎，那麼現在技術正在逐漸成為能源安全的基石。

網路投資旗艦公司軟銀的創辦人孫正義在他最新的演講中，為了闡述發生突破性技術進展的時代，或者說技術革命的時期，生活的迅速改變，他引用了兩張圖片，這兩張圖也頗得洛磯山研究所創辦人盧武安（Amory B. Lovins）的喜愛（圖 2-3、圖 2-4）。

圖 2-3　1900 年復活節紐約街景

注：這張圖片來自美國的國家檔案，拍攝於紐約著名的第五大道，時間是 1900 年復活節早上，節慶期間車水馬龍，這些都是真正的馬車，不過在圓圈裡是一個新事物，一輛汽車。1900 年的時候，汽車剛剛發明不久，甚至還被嘲笑，被認為在諸多方面並不便利，比如沒有地方加油等。這很容易讓我們聯想到現在一些對電動車的吐槽，與當初告別馬車一樣，更深層次的原因可能是不習慣，因為這將在相當程度上改變人們的生活方式。

圖 2-4　1913 年復活節紐約街景

注：13 年後，幾乎在同一個地方，同一個節日，大街上依然車水馬龍，熙熙攘攘，已經是一色的汽車，有意思的是，仍然在一個相似的角落，只剩下一輛小馬車。以汽車為代表的第二次工業革命，僅僅用了十多年就改變了人們的出行方式。而歷史正在以驚人的相似度重演。

孫正義感慨這樣的技術革命時期是投資領域百年不遇的好時機，他居然遇上了兩個——20 世紀末的網路和正在發

生的 AI 人工智慧。現在回顧一下，網路也是經過十幾年時間就巨大地改變了我們的生活。他預言 AI（人工智慧）也將極大地改變人們的生活，為了具體地說明這一點，他在演講中增添了一張 2035 年第五大街的情景，自動駕駛的汽車將是街道上的主宰者（圖 2-5）。

圖 2-5　未來的交通示意圖

　　注：這是孫正義構想的未來交通，從投資者的眼光來看，這是巨大的投資機遇。從一個能源專家的眼光來看，這也是總量龐大的移動儲能站。自動駕駛的電動車不僅會成為交通工具，也會成為移動的能源節點，這也是能源物聯網中重要的環節之一。

　　可以說，交通的智慧化與能源的數位化程序異曲同工。能源數位化的發展也勢必需要人工智慧的大規模應用，人工智慧具有最大的優勢之一就是分析和預測，新一代分散式能源、可再生能源、儲能、智慧使用者的大幅發展，都與大數據的分析預測緊密關聯，智慧化是這些能源新技術大規模發展的核心支柱之一（圖 2-6、圖 2-7）。

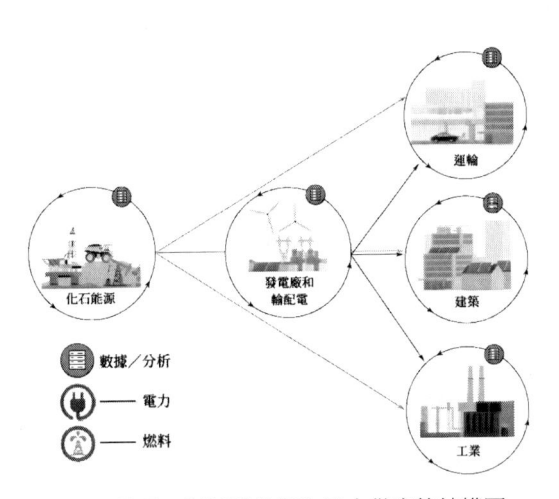

圖 2-6 這是一幅傳統能源和電力供應的結構圖，數位化可以使每個環節提升效率，但各個環節依然是相對獨立的（據 IEA）

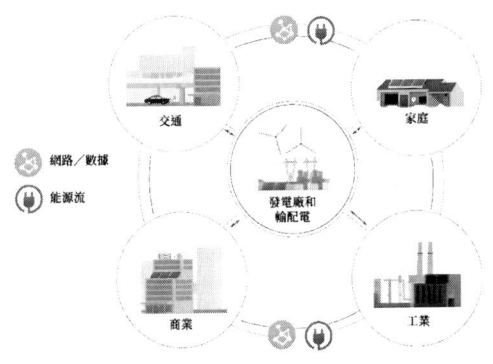

圖 2-7 這是一幅網路的能源及電力供需結構圖，數位化重整了整個能源供需格局，打破了供應和需求分界，從而能夠支持更多的能源產消者。能源的流向與資訊一樣，成為雙向流動而不再是單向的（據 IEA）

第二部分　數位化如何重塑能源領域

　　能源產業是最早得益於數位化的產業，幾十年前，電廠、油氣田就開始應用電腦等資訊科技等來提升自動化和管理的水準，現在更是提出了數位電廠、數位油田等概念，這些大大提升了勞動生產率，降低了人工的使用。

　　當前所有主要的大型國際石油公司都在推動進一步的數位化，如藉助遠端影片監測和溫度、壓力等各式各樣的感測器，無人值班的油田井場越來越多。由於這些資訊技術的廣泛使用，很多遠端作業變得更加容易。比如殼牌在阿根廷瓦卡姆爾塔油田開採案中，藉由數位化方式執行了遠端鑽井，身在加拿大卡爾加里的工程師透過即時資訊回傳，遠端控制鑽探的速度和壓力，在提升了技術水準的同時，大幅度降低了開採成本。煤炭產業也使用智慧礦山軟體來更加直觀地對開發流程進行管理和改善，從而提升產能。

　　但嚴格來講，這些在生產端進行的數位化僅是部分開端，隨著資訊科技日新月異的發展和成本的快速降低，資訊科技正在從更廣和更深的層次對能源體系進行重構，從生產端到消費端，數位化將系統性地改變能源的整個產業鏈和生態體系，使整個產業鏈的每個環節都靈活地結合起來，從而極大地提升能源利用效率，這才是能源革命的要義所在。

　　對於電力產業而言，數位化帶來的改變更廣泛，從電廠、輸配電直至使用者端，產業鏈各環節的連結更加緊密。

據報導，荷蘭推動了大規模的電力網路數位改造，使用資訊整合的大數據和預測技術，來提供更好的服務，據統計在輸配電網路中一共使用了 15 億個各類感測器，以荷蘭的電力規模，也可以想像數位化是多麼龐大的工程。

從電力使用者角度，更容易感受到的是正在大力推廣的智慧電表。由於安裝了智慧電表，使用者就可以直接在網路上或手機上繳費。智慧電表的價值當然不止於此，透過智慧電表，電網公司就可以更加即時地收集電力消耗的資料，透過大數據分析更妥善地調度電力的供應，而且也能夠對需求變化產生更靈敏的反應。

傳統能源公司的數位化依靠大數據和雲平臺，已經累積了大量資料。這些生產端的數位化為整個產業鏈的系統性變化做好了先期準備，尤其是為配合更多不穩定的可再生能源和更靈活的消費端響應奠定了基礎。

2017 年 3 月，南方電網建立首個基於四網融合的專案，合計約 1,450 戶。電力光纖入戶是整個專案的物理基礎。光纖複合低壓電纜將光纜與電纜合而為一，透過接入不同營運商的網路，將電網、網路、電視網、電話網融合為一張網，為電力、能源數據及智慧家居控制數據等不同類型能源流和資訊流的傳輸與互通奠定基礎。電表、水表和天然氣表智慧化改造是其技術關鍵。電、水、氣三表資訊透過統一的集中

第二部分　數位化如何重塑能源領域

收集設備和專用光纖網路,以達成計量表資訊遠端傳輸抄表,只需10秒即完成對一棟大樓所有使用者的抄表工作,有效提升準確度和工作效率。同時,可以即時進行遠端控制和故障診斷,分析系統損耗,完成對電表、水表、天然氣表等的「抄、算、管、控」一體化、智慧化管理。系統記錄的電量可以精確到每個電器在不同時間段的情況。如每一天不同時段燈光、冰箱、電視、冷氣等電器的個別電量,為透過大數據分析深入了解使用者需求提供了基礎。此外,在四網融合和三表集抄的基礎上,更進一步結合分散式能源、充電設施、智慧家居、智慧社區綜合管理系統等其他模組,將能源與資訊深度融合,形成電量、水量與天然氣量消費的大量資訊,充分了解使用者的能源消費習慣、消費結構、消費特點,合理改善使用者的電力、水、天然氣等的消費支出。以此為切入點,結合具有不同情境模式的智慧家庭等技術,可以將其更新推廣到其他社區。而且,也可以將其應用到生產領域。比如,在企業生產過程中,每臺用電設備的耗能高低、耗能結構、耗能時段,滿足不同倉儲設施溫度和溼度需求的耗能結構改善等。

　　傳統的能源消費者往往是被動的接受者,長期以來並沒有太多的選擇和話語權。智慧家居、分散式能源和電動車等新一代的技術,使能源消費者有了更多選擇。智慧家居的普

及，不僅帶來了更方便的生活，也將大大提升消費側與電網互動的能力。

據粗略統計，目前全球可以聯網的智慧家用設備已經有將近 200 億件，智慧家居能夠透過網路提供資訊互動功能，這為合理使用能源創造了條件，比如可以自動在用電谷底時進行洗衣、充電等工作。透過智慧微電網，能源供應方也可以與這些能夠靈活運用能源的公司進行互動，從而盡可能以較低成本達到能源的供需平衡。

能源消費端數位化最重要的支撐力量是智慧微電網的不斷成熟，從美國電力可靠性技術解決方案協會提出微電網概念，幾十年來，微電網已經取得了長足發展，儘管在具體定義上大家側重不同，但基本內涵是一致的：智慧微電網是指由分散式電源、儲能裝置、能量轉換裝置、相關負荷和監控、保護裝置整合而成的小型發配電系統，是能夠完成自我控制、保護和管理的自治系統，既可以與外部電網併網執行，也可以獨自執行。

智慧微電網是大型電力系統的現代化、小型化形式，能夠更加個性化地滿足使用者增加的需求，盡最大可能利用潔淨能源和促進技術的創新。智慧微電網可以對多種能源發電設備和終端使用者設備進行智慧完善和管理，透過採用先進的電力技術、通訊技術、電腦技術和控制技術，在達成配電

第二部分　數位化如何重塑能源領域

網既有功能的基礎上,滿足配電網對未來電力、能源、環境和經濟的更高發展需求。智慧微電網的應用也將為能源的融合和現代能源服務提供更好的條件,供應暖氣、電、冷氣、天然氣和熱水等能源服務都是在消費端發生,因此只有當消費端更靈活地配合,才可能以最高效和潔淨的方式供應能源。

世界大都市紐約為自己制定了雄心勃勃的能源發展願景:到 2030 年,紐約的電力供應 70% 將來自可再生電力。這代表著要導入更高的能源效率和可靠的可再生能源,這不單單是提升可再生能源比例的問題,而是要對整個系統進行更新。為此紐約州長 Andrew M. Cuomo 帶頭制定了一連串能源改革策略 REV,意在使消費者能夠更清楚知悉能源選項,並促進開發出新的能源產品和服務,為此也將對能源政策的框架進行大幅度調整。

能源數位化不僅在公司和城市層面快速推進,國家也可以把能源數位化提升為國家策略。在能源領域數位化革命中,也有這樣一個國家 —— 愛沙尼亞。大概很多人都沒有聽說過這個在北歐的小國,但在數位化方面卻率先提出數位國家的策略,而且在能源數位化方面是世界的先驅者。

拉脫維亞的 WePower 公司剛成立兩年,就被列入了全球能源公司中最具創新力前十名。2018 年,WePower 和愛沙尼

亞輸電公司 Elering 攜手合作，啟動小規模測試專案，開始使用區塊鏈技術對國家能源系統進行更新改造。

這個專案的一項重要工作是將相當於愛沙尼亞一年的能源生產和消費資料轉換到區塊鏈的資料庫中。在小規模測試期間，累計有 26,000 小時和 24 TWh 的能源生產和消費資料被轉換為 390 億個區塊鏈數據點。

愛沙尼亞的全國能源資訊標記化小規模測試，使 WePower 能夠測試區塊鏈技術的應用能力，從而建立了一個可靠的平臺，完成第一筆綠色能源採購專案的交易，並為中等規模以及大規模能源交易開發市場平臺。

為什麼愛沙尼亞可以在這一領域走這麼遠呢？在該國多年大力推動的數位化策略中，已經擁有龐大的能源基礎設施，電網的數位化改造也已經完成。Elering 的 Estfeed 能源資料庫已經準備好了足夠的資訊，擁有電力和天然氣等大量資訊。在對這些資料進行區塊鏈的更新改善時，已事先完成很多基礎工作。類似愛沙尼亞的能源數位化工程已經在越來越多國家展開。

從促進可再生能源發展的角度來看，接入高比例可再生能源本身也非常需要數位化的協助。單個可再生能源電源的規模往往不大，尤其是分散式的可再生能源規模更小，如果按照常規的方式進行管理，不僅需要的人員眾多，而且效率

第二部分　數位化如何重塑能源領域

也無法滿足需求,這就使數位化成為必然的選擇。現在無人管理的風場、太陽能發電站越來越多,都與數位化的協助有緊密關聯。

在支持分散式能源交易中,區塊鏈技術的廣泛應用為小規模的能源交易帶來了有力支持,後面章節還會專門論述區塊鏈技術在能源產業中的應用,特別是在使用者之間直接交易的情況下,可以省去中間環節直接進行交易,大大降低了交易成本。區塊鏈技術不僅對於能源,而且對金融等諸多產業都會帶來巨大改變。

能源產業無人機的應用也是數位化情境之一。日本的 A-Style 原本主要業務是屋頂和外裝施工,但隨著住宅用太陽能光電開始在日本普及,A-Style 十幾年前開始成功轉型,除了能夠提供太陽能光電 EPC 服務、營運及維護和自主售電業務外,還開展遠端監控系統等運維服務業務。其中之一就是利用無人機來尋找太陽能板的故障。無人機可以利用紅外線鏡頭和影像分析技術等來檢測太陽能板的狀況,監控人員可以從紅外線鏡頭拍攝的影像、熱源等與周圍的太陽能板相比,就可以看出光電站有沒有出現問題,一般而言,溫度相對較高的位置就可能是發生了某種故障。當然,太陽能板溫度升高的原因不一,除了太陽能板連線故障,汙漬和鳥糞也會導致溫度變化。近年來,無人機和相關監控設備成本快速

降低，除了硬體，各種 AI 學習、大數據分析的軟體系統也是推陳出新，為無人機在能源產業的大規模應用奠定了基礎。

遠景能源是中國一家大型風力發電機製造商，也是能源數位化的先行者，先是大幅提升了風力發電機的數位化水準，又於 2016 年 9 月推出了能源物聯網平臺 EnOS™，利用物聯網、雲端運算、大數據等先進技術，連線和管理各類發電、用電、儲電、輸配電設備，目標在於讓每個家庭、社區，甚至每個城市的各類能源設備配合執行，降低發電側投資成本，達成對負荷的精準監測和管理，根據市場動態來實現能源供需平衡（圖 2-8）。

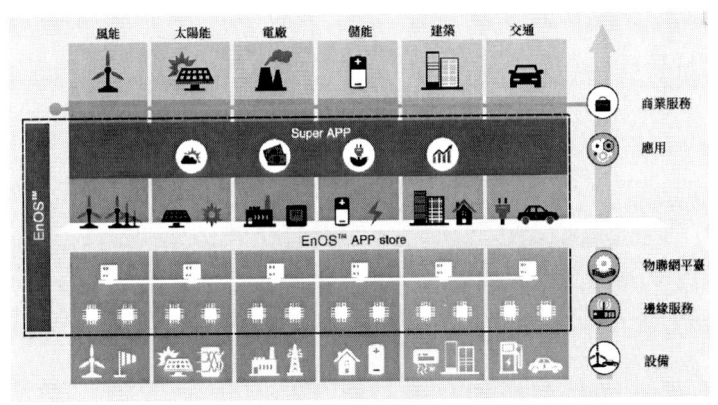

圖 2-8 遠景 EnOS™平臺示意圖（據遠景能源）

注：遠景 EnOS™平臺可以連線和管理一系列的發電設備和終端使用者，在家庭、社區和城市等層面共同執行。

為了滿足峰值負荷的需求，電力系統需要準備相當大的冗餘發電能力，這樣才能保證可以符合峰值需求，有時這樣的峰值只是一、兩個小時甚至十來分鐘。這實際上造成了大量的浪費，大部分時間有相當程度的發電能力處於閒置狀態。如果好好地發掘需求側的供應能力，藉助數位化技術，可以實現削峰填谷，從而減少備用發電能力的投資（圖2-9）。

能源數位化的重要價值是提升整個系統的靈活性，更加智慧和即時地根據能源需求，並即時以最低的成本來提供能源服務，從而極大地提升效能，而這將會改變整個產業的產業鏈結構和商業模式。能源領域一百年來經歷了很多次大規模的技術進步，但這次的任務，並不一定是由傳統能源公司本身完成。

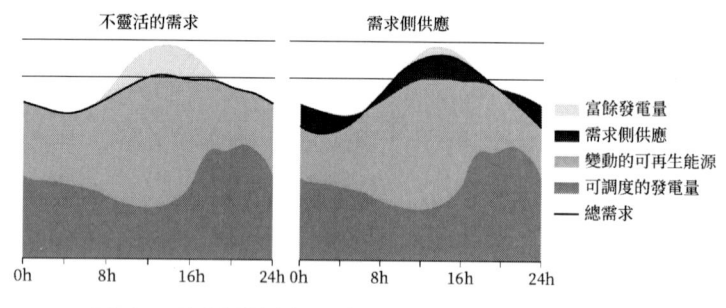

圖 2-9　需求側供應提升系統靈活性的示意圖（據 IEA）

科技巨頭的能源布局

　　傳統上，世界各地的能源公司都將關注的重點放在其資產（生產設施和輸配網路）上，而不是客戶，能源公司更像是一個生產部門而不是行銷部門。在大多數製造業中普遍使用的「外包生產」概念對於能源部門來講是非常陌生的概念。能源供應商向客戶的行銷往往聚焦於價格上，而不是大多數其他大眾市場產業所採用的以消費者為中心的差異化和個性化方法，即使數位化水準較高的電力產業，在其內部組織及其與客戶的關係，仍然屬於非常傳統的模式，似乎與網路時代毫不相關。但能源產業數位化的快速發展，為精通大數據業務的公司帶來了商機，這些公司能夠與最終消費者建立直接關係，從而能夠提供新服務並獲得收入。當然，它們也可以用外包的方式來購買傳統能源供應商的能源產品。

　　對比傳統能源公司的數位化更新，資訊科技公司進入能源的數位化領域往往採取了迥然不同的策略，它們沒有現存的能源資產，在白紙上繪製藍圖，基本上都是從新能源領域直接下手。除了應對氣候變遷、綠色發展的理念因素，也有既有的技術匹配性，數位化對解決風、光等可再生能源的波

動性，從一開始就具有優勢。

Google 公司旗下的 DeepMind 公司總部位於倫敦，2019 年初宣布透過人工智慧，可以完成提前 36 小時對風力發電場的發電輸出進行預測，這樣就可以提前與市場消費進行匹配，從而提升風力發電場的價值。儘管這項技術並沒有提升風力發電的量，但由於可預測性的提升，就使得風力發電大大降低了其不確定性對系統所帶來的負面影響，也減少了棄風的機率。據 DeepMind 公司的評估，這項人工智慧的預測技術提升了 20%的風場價值（圖 2-10）。

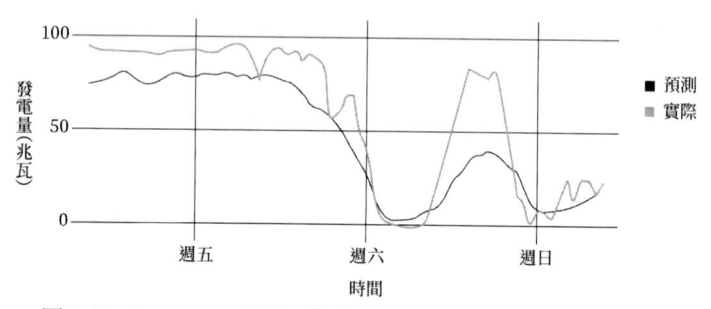

圖 2-10　DeepMind 公司風場發電量預測示意圖（據 DeepMind）

注：這是 DeepMind 公司的一個風力發電場 72 小時發電輸出的預測與實際值，可以發現風力的變化波動很大。說實話，就這張圖的預測效果來看，預測的曲線與實際的輸出還是有些差異，尤其是時間越遠，差異就更大。即便如此，也還是顯著提升了風場的效率，可見數位化與新能源的結合具

有巨大潛力,值得深入探索。

實際上這不是 Google 公司第一次使用人工智慧來管理能源事務,在 2016 年的時候,Google 公司就透過人工智慧減少了 15％的能源消耗,Google 公司也是第一批承諾使用 100％可再生能源的跨國公司,透過自建分散式可再生能源系統和購買綠色能源等方式,這個目標已經於 2018 年實現。

如何追蹤可再生能源的使用,提升可再生能源的效率,進而在整個快速變化的能源系統中找到新的定位,是 Google 公司日益強調的策略方向。DeepMind 公司還沒有為 Google 公司帶來盈利,2017 年虧掉了三億多美元,但在 Google 的支持下,這並沒有影響 DeepMind 公司繼續研發的步伐。

Google 在新能源的涉足範圍不斷擴大。2013 年才成立的新興美國企業 Skycatch,是無人機應用公司,在創業種子期就得到 Google 公司的投資。太陽能光電領導企業 Solar City 和 First Solar 相繼與 Skycatch 簽訂合約,利用無人機來巡檢,對太陽能發電站進行檢測業務。

Skycatch 公司生產的 quadcopter 無人機是四旋翼直升機,採用自主導航 GPS、聲吶技術和紅外線鏡頭,可以對故障位置進行準確的定位和檢查。一旦電池耗盡或是儲存空間已滿,它會立即飛回基地的停機箱,無人機著陸後,機器人手臂會從箱子中伸出來,把無人機用過的電池換成新電池,同

時直接上傳資料，因此 Skycatch 的客戶幾乎可以即時獲得最新的資料。

如果說風場、太陽能光電站的智慧化多少還是在傳統發電業務上進行拓展，那 Google 公司 2014 年斥巨資收購的 NEST 公司就有更深的含意了。

NEST 公司由前蘋果公司的工程師 Tony Fadell 和 Matt Rogers 於 2010 年白手起家共同創立，是一家致力於打造智慧家居設備的公司。公司成立次年推出的主力產品是一款室內溫控器，這款溫控器可程式設計，具備自我學習能力，可以由探測器驅動，並且與 WiFi 連線。即使住戶不在家，也可以透過手機的 APP 來控制這款溫控器，從而達成對室內溫度的遠端控制，這樣就可以在人離開房間後關掉冷氣或暖氣，回家前再打開。隨後，NEST 公司按照這樣的網路思路，又推出了煙霧偵測器、一氧化碳偵測器等系列產品，公司快速成長，2012 年底的時候就已經有 120 名員工，到了 2014 年初，Google 公司斥資 32 億美元收購了 NEST。這可以說是典型「美國夢」獨角獸公司的成長歷程，公司僅用短短四年就締造了億萬富翁的神話。

有了 NEST，Google 公司就能進一步掌握能源的需求側變化。透過大數據分析，很容易掌握客戶的能源使用規律，

比如什麼時候回家、喜歡多少度的室溫等。透過千家萬戶的數據，就能更加清晰地勾勒出能源使用曲線（圖 2-11）。

圖 2-11　Google 公司的 NEST 宣傳圖（圖片來自 Google 公司）

注：這個小小的溫控器是網路思維在能源領域應用的典範，它具有自我學習能力。

當這些數據和可變動的風力發電、太陽能連繫起來的時候，它們的價值就突顯出來了。比如傍晚太陽下山，太陽能光電不再發電，而住戶回家開始打開暖氣的時候，如何籌集這個時段最方便、便宜的能源，就是一個巨大的商機。這個能源既可以來自瞬時啟動的天然氣電廠或地源熱泵，也可以基於精準的天氣預報來自一場大風帶來的額外電力，也可以是停在地庫中插著電線的電動車。這樣大數據的計算就可以輕易找到最經濟的能源來源，從而創造巨大的價值。如果能

源市場功能完善，這個價值就會反映在市場交易的價格差異上，公司將會透過價格差異獲得豐厚的利潤。

不僅是 Google 這樣的資訊科技公司，特斯拉這樣的新型公司也在踏步進入能源領域。

伊隆‧馬斯克的卓越之處在於盡量做先驅而不是先烈，這讓他在多個跨界領域獲得空前成功。能源看起來也不例外，馬斯克選擇的能源著力點清晰而明確，就是儲能和太陽能光電。

就像是高階智慧型手機追求的目標不再是單純的手機，而是瞄準作為藝術品來設計，蘋果是這方面典範。在特斯拉能源，太陽能板也有了新的面貌，儘管這樣的面貌已經有很多太陽能光電企業在嘗試，但特斯拉無疑非常具有代表性。

特斯拉主推的太陽能瓦片有四種，紋理型、光滑型、石板型和托斯卡納瓦楞型。如果不是仔細查看，這些瓦片就和裝修市場上看到的並無二致。這種太陽能光電和設計的結合，讓可再生的綠色能源與時尚生活結合起來。且不說在技術進步的背景下這些產品的價格正在快速下降，一旦貼上了時尚的標籤，針對高階使用者而言，就算是早期的價格似乎也不是太大的阻礙。

特斯拉的太陽能光電瓦片採用鋼化玻璃製成，號稱強度是標準瓦片的三倍多，在其官網上還有一支生動的破壞性對

比影片。如果說這些影片有製造噱頭的嫌疑，承諾保固更加實在，特斯拉承諾了很高的保固標準——終生保固：房屋存在多久，它們就為上面的 Solar Roof 保固多久，作為供電能力的保固則是 30 年。

特斯拉設計精簡的儲電牆（Powerwall）也很有時尚感，既可以隨時儲存太陽能發出來的電，也可以靠其內建的逆變器，隨時作為備用電源，來滿足家庭使用者的用電需求——在必要情況下，甚至可以脫離電網獨立運行，儲電牆可以作為電池獨立發揮作用，作為備援電源使用。單個儲電牆的容量是 13.5KWh，最多可擴展到 10 臺儲電牆，遠超出一般家庭的日常所需。

特斯拉更方便的儲能工具就是特斯拉汽車裡的電池，當停在車庫中時，透過雙向充放電設備，特斯拉汽車就搖身一變為一個小型電站（圖 2-12）。

圖 2-12　特斯拉的能源模型圖（圖片來源：特斯拉官網）

第二部分　數位化如何重塑能源領域

注：這幅流傳甚廣的圖是特斯拉的未來家庭能源概念模型，太陽能光電、儲能、電動車將使家庭能源獨立。這種綠色的能源獨立不僅關係到能源，更是用生活方式來表現自己的個性。

SolarCity 是特斯拉旗下生產太陽能光電元件旗下的公司，2016 年被馬斯克收歸旗下。回顧其不長的歷史，當 Peter 和 Lyndon Rive 兄弟在 2006 年創辦這家企業的時候，正是基於堂兄馬斯克的提點和支持。這家致力於家用太陽能光電產品的企業，成立後攻城略地，大肆併購，到 2013 年太陽能光電安裝量就已經達到了全美第二。2016 年，特斯拉乾脆以 26 億美元將 Solar City 收歸旗下，用馬斯克的話來說，是「為了將太陽能光電和儲能更加無縫結合起來」，不過外界多少有些詬病馬斯克是在幫助自己的堂兄弟。

特斯拉很難說是一家汽車公司，如果硬要替它貼上一個標籤，它可以是資訊公司、能源公司加上汽車公司，也是典型的「網路＋」公司。汽車只是特斯拉業務版圖中一個具備汽車功能的載體，在這裡可以匯集智慧家居、能源供應、物聯網等所有相關的資訊，正是這些資訊的匯集，才創造了以最經濟和潔淨的方式高效供應能源的條件（圖 2-13）。

圖 2-13　特斯拉的太陽能光電和儲能已具備相當規模
（圖片來源：特斯拉官網）

　　這些資訊公司在能源領域攻城略地，一開始就展現出與傳統能源公司截然不同的風格，灰犀牛奔騰揚起的塵土已經清晰可見。能源網路的時代也會因為它們的加入而更快到來。

第二部分　數位化如何重塑能源領域

網路如何接軌能源未來

美國著名經濟學家傑瑞・里夫金在《第三次工業革命》中首次提出「能源網路」的概念:「我們需要建立一個能源網路,讓億萬人能夠在自己的家中、辦公室和工廠裡生產綠色可再生能源。多餘的能源可以與他人分享,就像我們現在在網路上分享資訊一樣。」

能源網路並不是虛無縹緲的概念,基於網路技術和可再生能源技術突飛猛進的發展,智慧微電網、分散式能源如雨後春筍般發展起來,為能源網路打下了扎實基礎,美國、歐洲、日本、中國等政府和機構已經開展了大量能源網路方面的相似研究。

2008 年,美國北卡萊羅納州立大學 Alex Q. Huang 主持推動美國國家科學基金會的專案 FREEDM(The Future Renewable Electric Energy Delivery and Management Systems),希望將電力電子技術和資訊科技更深一步地引入電力系統,在未來配電網層面實現網路概念。仿效電腦網路技術的核心路由器,他們提出了能源路由器(energy-router)的理念。

中國電力科學研究院經研究和提煉後,將「能源路由器」定義為:它是融合電網資訊物理系統的智慧體,具備計算、通訊、精確控制、遠端協調、自治以及隨插即用的接入通用性,並有如下基本特點:採用全柔性架構的固態設備;兼具傳統變壓器、斷路器、潮流控制裝置和電能品質控制裝置的功能;可以實現交直流無縫混合配用電;分散式電源、柔性負荷(分散式儲能、電動車)裝置隨插即用接入;具有資訊融合的智慧控制單位,實現自主分散式控制執行和能量管理;整合穩定的通訊網路功能。能源路由器將具有能源互動、智慧分配、緩衝儲能等一系列功能。

能源路由器可以說是具有鮮明網路特色的裝置,名字也來自網路用語。能源路由器的實現,既離不開電力電子技術的進步,還有賴於大規模儲能技術的發展。儲能相當於能源網路中的快取,雖然目前大規模儲能仍需要進一步解決效率、成本、容量等技術問題,但包括電池儲能、機械儲能、氫氣(天然氣)儲能在內的一系列儲能技術正在蓬勃發展。大規模儲能技術和電力電子技術的結合,將不斷提升能源路由器的功能,由於能源路由器的應用情境比網路的路由器更加複雜,也更難標準化,目前還很難說已經產出一款標準的能源路由器,但相關的進展相當快速,具有部分功能的產品也

不斷推陳出新。

　　新奧集團致力於推動複合能源網路的理念已經十多年了，其理念與能源網路內涵非常一致（圖 2-14）。其示範涵蓋工業、商業、居民等多種業態，新奧打破傳統分項能源規劃模式，開展複合能源規劃，並與都市計畫緊密結合，實現荷——源——網——儲整體提升布局。一是提升需求側，融合仿生通風、建築節能等技術，發展綠色建築、降低耗能。二是多能互補、多技術整合，充分利用當地太陽能、地熱能、生質能及餘能，結合儲能等技術，配合能源潔淨低碳、高效轉化。三是動態供需重構，匹配園區近、中、遠期負荷增加，近中期基於負荷條件建設規模適宜的複合能源站，遠期將各類能源設施互聯互通、共同供能，建構園區複合能源網路，利用複合能源網路營運調度交易平臺進行整體加強匹配，降低投資和能源消耗成本，支撐園區複合能源網路高效執行，2 個泛能站已建成、投入運作並聯通。全部建成後，能源綜合利用效率將達到 80% 以上，可再生能源利用率達到 20% 以上。

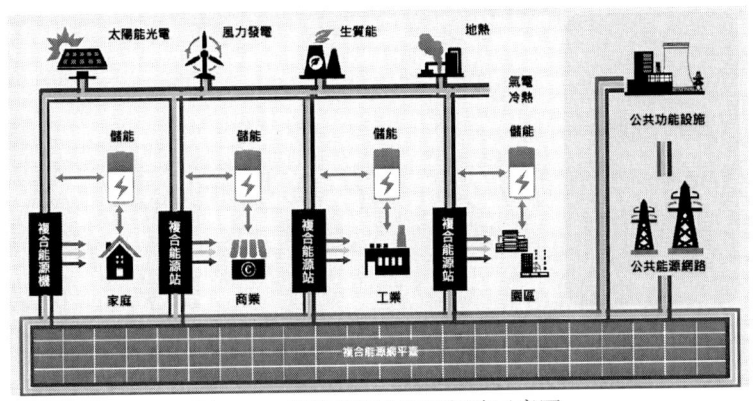

圖 2-14　新奧的複合能源網路示意圖

注：複合能源網路將資訊網路與能源基礎設施和負荷綜合在一起，透過使用大數據和智慧控制系統，來提升效率並加強系統執行。這已經是能源網路的初步實踐。

泛在電力物聯網是能源網路概念在電網中的一種展現，中國國家電網正在對建設泛在電力物聯網做出全面部署，計劃到 2021 年初步建成泛在電力物聯網，基本完成業務合作和數據貫通，初步實現統一物聯管理，支撐電網業務與新興業務發展。

由於新能源電網接入比例提升，傳統電網與電力企業面臨更大的外來競爭壓力，同時傳統設備難以匹配新能源的波動性，缺乏與外部環境互動的劣勢，也使企業難以滿足使用者更多的新需求。智慧電網與泛在電力物聯網的兩網融合是建設能源網路不可或缺的環節。

第二部分　數位化如何重塑能源領域

泛在電力物聯網就是圍繞電力系統各環節，充分應用行動網路、人工智慧等現代資訊科技、先進通訊技術，實現電力系統各環節萬物連結、人機互動，具有狀態全面感知、訊息高效處理、應用便捷靈活等特徵的智慧服務系統，包含感知層、網路層、平臺層、應用層四層結構。

作為實現電力系統各環節萬物連結、人機互動，具有狀態全面感知等特徵的智慧服務系統，泛在電力物聯網涉及終端訊息收集器（感測器、RFID等）、邊緣運算、通訊網、雲平臺、人工智慧五個層次。隨著泛在電力物聯網投資速度加速推進，也將為相關產業鏈上的企業帶來商機。

能源網路不僅包括電網，它囊括了所有的能源系統。比利時著名的 Energy Ville 是魯汶大學從事可再生能源與智慧能源技術研究的機構，在效能建築、智慧電網與智慧城市大有建樹。Energy Ville 也開發了一系列產品和工具來協助能源系統的決策計畫，從單個建築、街區、城市直到區域層級都可以應用。這一工具基於網路，從多個層面來支撐能源轉型的途徑選擇，透過計算能源消耗、二氧化碳排放、融資條件，結合能源技術和創新的應用，比如區域暖氣、製冷、分散式可再生能源等，提供整體的能源解決方案。其理念和技術在歐洲正在受到越來越多的實踐。

能源網路的核心是整合資訊與能源，以共享的理念來實

現更高水準的效能和可再生能源利用率。從這個角度看，能源網路的發展早已開始，只是還尚未達到某種爆發性成長的臨界點，隨著這個臨界點的到來，能源網路將重新描繪我們的未來能源願景。

第二部分　數位化如何重塑能源領域

數位化提升服務價值

能源服務是個越來越受到能源企業看重的口號，很多傳統的能源企業都開始號稱是服務企業，這也展現出價值取向的變化：服務創造更多價值。最初能源服務企業往往是些節能公司的別稱，隨著數位化大潮對能源的革新，能源服務已經成為更加普遍的概念，很多傳統能源企業包括國家電網這樣的巨無霸，都在努力轉變為能源服務企業。在能源領域，這種轉變有實質的內涵：服務不僅是提供更多能源，而且是要提供更有效的能源。

國際效能合作夥伴關係組織（International Partnership for Energy Efficiency Cooperation）的祕書長 Benoit Lebot 曾經分享過一個典型的例子。就傳統照明而言，透過採煤、發電、輸電、配電，最後到白熾燈，每一個環節都有或多或少的效能損耗，到了最後，真正用來發出可見光的能源，只是當初採掘能源的不到 2%！也就是說絕大部分的能源都被浪費掉了。

節能技術這些年獲得了長足發展，比如照明，傳統的白熾燈由於使用燈絲發熱而浪費掉了大部分能源，節能燈將效

率提升了5倍左右，LED則進一步提升了效能，把大部分能源都用在照明上，這代表著終端能源使用技術的改進可以大幅度節約能源。

在重要環節上節能很重要，但如果考慮到整個能源鏈，能源的反覆轉化代表著能源的消耗，仍舊具備進一步節能的巨大潛力，數位化技術則是關鍵所在。

法國ENGIE的子公司Vertuoz於2012年建立了一個建築能源管理的數位服務平臺，迄今為止已經為超過15,000棟建築提供服務。它們為建築安裝溫度感測器、光敏感測器、二氧化碳偵測器等儀器，採集建築能源使用的大數據，其動態介面允許使用者監控和管理建築的即時耗能數據。依據數據監測與分析，可以隨時形成能源使用報告，設定能源異常使用預警，並可以與相似的使用者進行能源使用對比，根據這些數據與業主一起來商議制定節能計畫，還可以透過遠端智慧能源效率監測和控制系統，即時改善建築物使用能源的方式。

2016年，法國ENGIE公司與巴黎市政府簽訂一項合約，為140個小學進行能源管理服務，透過對建築的檢測和保溫改造，採用更節能的LED和鍋爐等設施，更重要的是，安裝了6,800個可以遠端控制的恆溫閥。兩年後，這一專案的實施效果得到了正向評估，實現了30%的節能量。

第二部分　數位化如何重塑能源領域

　　ENGIE 公司的例子是能源服務的典範，透過數位技術，能夠實現更加智慧的管理，即時根據使用者的能源使用需求來匹配能源供應，減少不必要的浪費。在市場訊號比較靈活的情況下，還可以選擇更經濟的能源類型，比如用電、天然氣還是儲能等。在綠色低碳的背景下，很多客戶會要求追蹤能源供應的碳足跡，智慧系統就可以協助選擇更加綠色的能源供應。

　　在能源節約領域，透過數位化精準掌握不同產業的能源消耗，是節能的前提條件，比如減少廢水處理中產生的能源消耗，具有全球性的普遍意義，廢水處理設施作為耗能設備，通常需要消耗 25% 以上的市政電力。位於丹麥奧胡斯市瑪爾麗斯堡的全球首個能源中和產能水循環專案，就是典型的節能案例。自 2010 年開始，丹佛斯公司與奧胡斯市合作，達成水處理智慧化，建立智慧模型並減少能量消耗，測試發展新技術。透過使用更多的感測器、先進的電腦控制、充足的變頻器或變速傳動裝置，加速流程。最終，瑪爾麗斯堡汙水廠的能源消耗減少了 40%～50%。

　　同時，透過採用系統性的解決方案，瑪爾麗斯堡汙水廠從汙泥等有機廢棄物中產生能量，轉化為沼氣，將其用作能源或燃料，並建立了全天可持續的管理模式。瑪爾麗斯堡汙水廠不僅將耗能減少到最低程度，而且還將其淨能源盈餘最

大化。如今這家汙水處理廠不僅減少了耗能，還能為丹麥第二大城市奧胡斯提供電與暖氣。2016年該專案產出電能為自身所需電力消耗的150%，加上產出餘熱約為2.5吉瓦·小時，其總產能約為自身所需耗能的230%，供水的洩漏率下降至6%，並且水價降低9%。該專案已被國際能源署作為汙水處理的先進案例。由於這一專案的重大貢獻，奧胡斯市的碳足跡減少了35%。這家汙水處理廠已經從高耗能業者轉變為能源供應商，成為典型的能源產消者。瑪爾麗斯堡汙水廠的案例表明，在數位化技術的支持下，工業使用者成為能源產消者的潛力非常巨大。近年來在很多廠房的屋頂都鋪上了太陽能板，達到能源的自產自消。

英國企業 Grid Edge 開發了一套叫做 Flex2X 的人工智慧系統，以及機器學習的演算法，用來進行建築能源使用的管理。透過獲取現存的大量歷史資料，加上一些外部資料（如天氣預報等），即時管理建築的能源使用。這套系統演算法之所以被稱為「人工智慧」，是因為它會根據接收到的資訊進行「學習」並做出相應改變。這套軟體根據以往的學習經驗，可以提前24小時對建築的能源使用情況進行預測。

這套軟體系統與智慧電表和電力配電網相連，能夠監測電價和電力來源，從而可以隨時依據成本或碳強度來決定增加或者降低建築的電力負荷（圖2-15）。

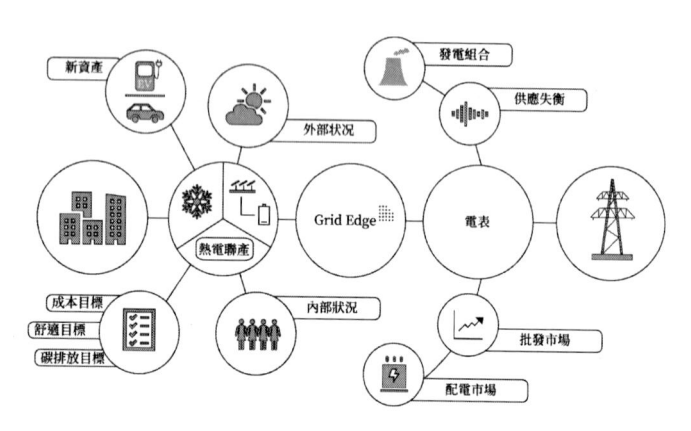

第二部分　數位化如何重塑能源領域

圖 2-15　Grid Edge 智慧軟體系統示意圖（據 Grid Edge）

注：它連結了能源使用單位和供能系統，這種數位化的靈活回應為系統化地提升效能提供了更好的工具。

透過控制建築的能源消耗，這套數位系統使得建築的能源使用曲線，從固定模式變為了靈活模式，這種靈活的負荷在目前的電網體系中展現了高度商業價值，因為透過負荷變化可以對系統的峰谷管理提供支持，從而也可以支援更多可再生能源併入系統，減少棄風棄光現象。這種能源使用終端的數位化，為系統性地提升效能奠定了基礎。

丹麥丹佛斯公司開發了一套名為 Leanheat 的人工智慧演算法，並應用於區域能源系統中。這套系統可以透過未來氣象變化趨勢來提供最佳的換熱站二次出水執行策略，在滿足室內溫度的前提下，最大限度地節約能源和提升能源輸配效

率。Leanheat 是基於室內溫度即時監測和換熱站控制的智慧軟體控制平臺，用於供熱系統二次網路的節能減排和改善供熱品質。其核心控制原理如下（圖 2-16）。

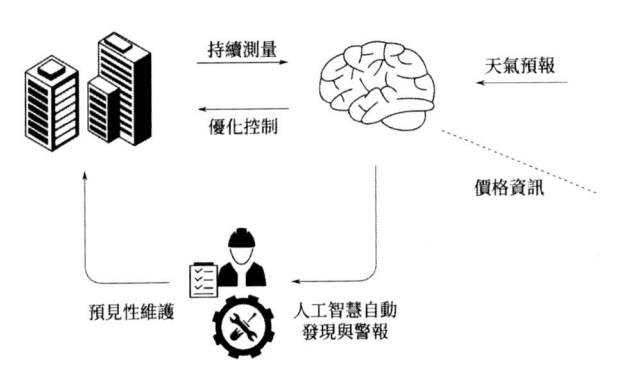

圖 2-16　丹佛斯的 Leanheat 系統原理示意圖（據丹佛斯）

如上圖所示，根據室外溫度天氣預報，即時設定換熱站二次網路供水溫度的設定值，並透過即時檢測換熱站的執行參數和使用者室內溫度（全部或部分）即時資訊，利用人工智慧和自學手段，提升二次網供水溫度設定目標，確保在最低的二次網供水溫度下達到使用者室內溫度。同時，在人工智慧的輔助下，自動追蹤換熱站執行設備的使用狀態，提升設備執行安全可靠性。

德國的 Next-Kraftwerke 公司透過能源管理，在並不擁有任何電站的情況下，已成為歐洲最大的虛擬電廠營運商

之一,業務遍及德國、比利時等多個歐洲國家。Next-Kraftwerke 是歐洲電力現貨市場(EPEX)認證的交易商,可以參與能源的現貨市場交易,管理著超過 4,200 個分散式發電設備和儲能設備,包括生質發電裝置、熱電聯產、水力發電站、風能和太陽能光電站、可控負荷等,整體管理規模超過了 280 萬千瓦,而且這一數字還在不斷成長。

該公司的核心產品是遠端控制裝置 NextBox,安裝在風力發電和太陽能發電等波動性發電設施上,透過虛擬電廠平臺對控制的電源進行管理,參與電力市場交易並獲取利潤分成。藉由對大數據的掌握能力,Next-Kraftwerke 還可以利用生質發電和水力發電啟動速度快、出力靈活的特點,參與電網的二次調頻和三次調頻,獲取附加利益,占德國二次調頻市場 10% 的比例。

為進一步增加靈活性,Next-Kraftwerke 還推出了標準化的儲能模組,包括一個容量 2 兆瓦的貨櫃,透過「NextBox」連線到電網,該公司使用軟體將電源和儲能集合到其管理平臺上,共同提供輔助服務,這就使得它們能夠以最有效和最賺錢的方式營運。這個帶著儲能貨櫃的設備,已經具備能源網路構想中的能源路由器功能了(圖 2-17)。

數位化提升服務價值

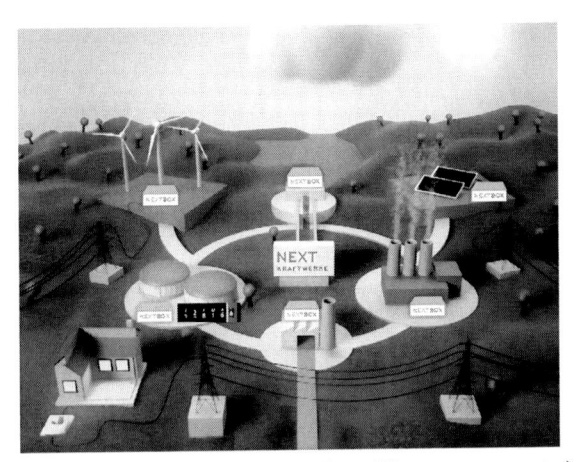

圖 2-17　NextBox 及相關系統示意圖（據 Next-Kraftwerke）

　　Next-Kraftwerke 的核心產品其實並不是能源，而是數據。透過 NextBox 收集來的數據，來決定何時以何種方式供應電力，透過這樣的管理能力，企業在盈利的同時，也可以顯著減少備用電廠的建設，避免投資浪費。這也可以視為廣義上的提升能源效率，提升能源設施的利用效率，在一定程度上比單純節能更能減少資源浪費。

　　從國家層面來看，數位化對於能源管理一樣至關重要，澳洲就是個很好的範本，可以證明國家層面能源數位化水準的提升也會提升執政能力，幫助制定更加精準有效的能源政策（圖 2-18）。

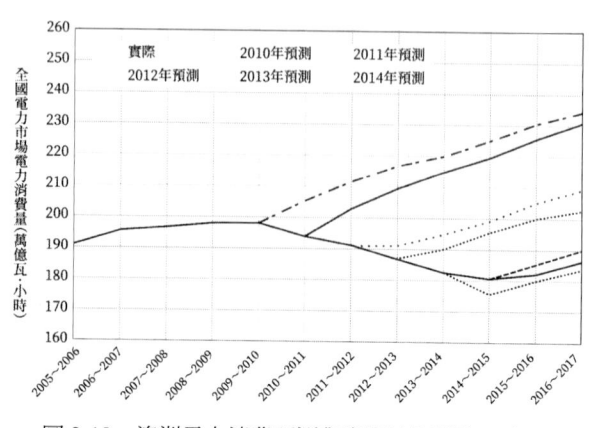

第二部分　數位化如何重塑能源領域

圖 2-18　澳洲電力消費預測與實際情況對比示意圖
（據澳洲環境能源部）

　　圖中淺色線是近年來澳洲預測電力消費的曲線，黑色實線是實際消費量。多年來，由於缺乏消費側數據的深入分析，澳洲政府部門在進行電力預測時，預測與實際的偏差非常大，整體實際上遠低於預測，基於這樣的數據基礎和預測能力，可以想像在制定相關政策時，很難達到預期目標。

　　為了提升能源數據分析的能力，從而提升能源規劃和政策制定的精準度，澳洲政府斥資 2,000 萬澳元，啟動了國家能源數據分析研究計畫 NEAR，具體由政府部門、科學與工業協會及澳洲能源市場調度中心實施。作為專案重要組成部分，首先進一步獲取了消費側的能源數據，包括工業、商業和居民的能源消耗數據，其中包括了使用電器、建築特點、

人口分布、消費習慣以及經濟結構變化等,專案重點分析了冷氣和屋頂太陽能光電這兩個非常重要的因素對電力消費的影響,深化了對能源消費變化趨勢的認知。因為澳洲電價相對較貴,所以屋頂太陽能光電競爭很激烈、發展迅速。這些數據分析對制定有針對性的政策措施,比如節能標準、接入服務等提供了可靠的依據。

由於人們往往重視能源生產而忽視效能,國際能源署新一任署長 Fatih Birol 就任後,明確地以效能為目標,並宣稱:最潔淨的能源是節約下來的能源。即使潔淨的太陽能,也會因製造等環節而對環境產生影響。提升效能帶來的節約,可以使對環境的負面影響降到最低。

這不僅是一句口號,而且能夠非常具體地量化到數據上,從國際能源署歷年的效能報告來看,效能的潛力之大確實被大眾所低估。按照國際能源署的計算,為了實現《巴黎協定》的溫控目標,效能的潛在貢獻要超過可再生能源的總和。因此,對效能給予高度重視一點也不過分(圖 2-19)。

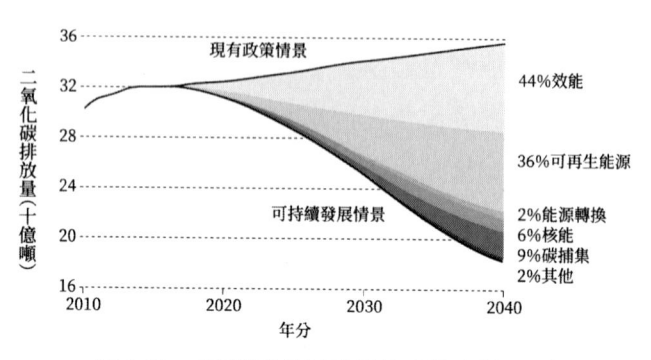

第二部分　數位化如何重塑能源領域

圖 2-19　各種措施的減排貢獻示意圖（據 IEA）

注：從這幅 IEA 對 2040 年實現永續發展的展望中可以看到，效能的貢獻是最重要的因素。

傳統上，不同能源類型的分裂阻礙了其綜合利用及高效替代的潛力，隨著數位化能力的提升，能源服務企業能夠更加加強能源供應的方式和來源，這可以系統性提升能源效率的水準。但這對於傳統能源企業而言，是幾乎陌生的業務，能源服務的口號能否準確落實，是能源企業轉型的試金石，也是國家能源策略革新的關鍵之處。

第三部分
金融力量背後的無形推手

第三部分　金融力量背後的無形推手

　　能源向來都和金融密切相關，不僅是因為這是個資本密集型的產業，金融也從更主動的方面影響能源發展。未來，區塊鏈技術將建構新的能源貨幣，相關徵兆早已浮出水面。

　　現代能源和金融的關係密不可分，能源作為全球規模最大的貿易產品，是各種金融衍生品的重要支柱，而以美元計價的石油、天然氣等大宗能源商品，也有力地維護了美元的世界貨幣地位。如果說技術進步帶來了能源革命的曙光，那麼金融就是有力的推手。儘管這樣的金融支持可能並不主要出於應對氣候變遷和人類的福祉，而主要是因為會有更高的回報。隨著區塊鏈技術應用於金融領域和能源領域，新的能源與金融的結合也呼之欲出，將會更加深刻地改變能源與金融的版圖。

金融如何支撐能源市場

　　1944年7月，44個國家的代表在美國新罕布夏州布列敦森林鎮召開了著名的布列敦森林會議，宣布成立國際復興開發銀行（世界銀行前身）和國際貨幣基金組織（IMF）兩大機構，制定《國際貨幣基金協定》。由此確立了美元對國際貨幣體系的主導權，建構起戰後國際貨幣體系的新秩序。與會國家同意建立國際貨幣制度，由新成立的國際貨幣基金組織及其輔助機構國際復興開發銀行來加以管理，從而維持國際匯率的穩定、多邊貿易和貨幣的可兌換性。國際貨幣基金協定確定一盎司黃金等於35美元的官價。

　　1960～1970年代，美國深陷越戰的泥潭，財政赤字可觀，國際收入情況惡化，爆發了多次美元危機，相關國家大量購回放在美國的黃金也加劇了危機。1971年8月，美國尼克森政府單方面宣布放棄「金本位制」，實行黃金與美元比價的自由浮動，這之後布列敦森林貨幣體系解體，但世界銀行和IMF這兩個機構繼續存在。美元成為不再與黃金連結的國際貨幣，依靠美國地緣政治實力支撐。時任美國總統尼克

第三部分　金融力量背後的無形推手

森同意向沙烏地阿拉伯提供軍火和保護，條件是沙烏地阿拉伯所有的石油交易都要用美元結算，以此維護美元的國際地位。由於沙烏地阿拉伯是 OPEC 中最大的產油國和全球最大的石油出口國，其他國家也很快採用美元進行石油交易，石油美元體系從此確立。

雖然不再能用美元穩定地購買黃金，但是可以穩定地購買更具使用價值的石油，而石油是現代國家不可或缺的策略物資。於是很多國家繼續沿用美元作為最主要的外匯存底，維持了美元世界貨幣的地位。金融與能源的關係也提升到了新的策略層次。

進入新的世紀，美元或者說金融催生出另外一個巨大的能源產業——頁岩油氣。這一次金融市場發揮了更加主動的影響，可以說頁岩革命是在金融投資的支持下發生的。在一本專門研究頁岩油的著作中，對比一系列資料後認為，頁岩油氣的產量與聯準會政策息息相關。

2019 年，美國的頁岩油產量打破紀錄達到每天 700 萬桶，美國已經超過沙烏地阿拉伯成為世界上最大的石油生產國，預計美國將在兩年後成為石油的淨出口國，即使在五年前這也是幾乎不可想像的情景。2018 年，美國頁岩氣的產量再次達到兩位數成長，超過了 8,300 億立方公尺，遠遠地把位居第二的俄羅斯甩在後面。

金融如何支撐能源市場

美國頁岩油氣的成功開發深刻改變了全球能源的供需格局，也改變了地緣政治關係，使得美國不再依賴於能源進口而實現了多年來「能源獨立」的夢想。由於美國能源價格大幅下跌，天然氣發電比煤炭還要便宜，美國的電價遠低於世界上很多國家，尤其是工業用電的價格，也低於包括中國等開發中國家。這為美國的製造業注入了新的活力，中國的一間玻璃公司在美國建廠，最大的考量因素之一就是能源成本低。低成本的天然氣不僅增加了美國的經濟競爭力，也大大減少了二氧化碳的排放，可以說對全球的經濟都產生了重大影響。從這點上來說，頁岩革命和新能源革命有相互輝映的效果，而且還有一點重要的相似性，它們都是由能源金融推動的。

2010年6月，在阿姆斯特丹召開的全球非常規天然氣年會上，91歲的米歇爾（George Mitchell）被美國天然氣研究所（GTI）授予終身成就獎，米歇爾被譽為美國頁岩氣之父。從1981年以來，米歇爾和他創立的米歇爾能源開發公司用了整整17年時間，尋找從頁岩中開發頁岩氣的方法，測試了各種鑽井和地層壓裂的方法，直到1998年，才開始大規模、經濟地開發出頁岩氣，為美國頁岩氣革命奠定了基礎。

米歇爾並不是孤軍奮戰，在同一時期大量中小企業在頁岩油氣開發領域探索，其中還有大名鼎鼎的切薩皮克、EOG

等。這些公司也可以說是傳統油氣產業的挑戰者，它們的做法也與傳統油氣公司大不相同，因為它們資金實力薄弱，需要大量的外部資金來支持，因此頁岩油氣開發從最一開始就有濃厚的資本運作和金融色彩。這些早期的頁岩油氣開發者，往往上午租到油氣區塊，下午就會跑到投資者那裡申請資金支援。在 2014 年油價大跌的時期，為了支持這些頁岩油氣企業不至於因資金鏈斷裂而倒閉，金融機構也開發各種套期保值、股份轉讓以及金融產品打包的方式來協助籌措資金，維持現金流。這些支持頁岩油氣開發的風險投資和基金，同時也往往是新能源的投資者。

美國頁岩油產量保持了十年的高速成長，多個年分的年產量成長超過 5,000 萬噸，相當於一年就增加了一個大慶油田的產量，這在世界石油工業的發展歷史上，也是絕無僅有的事蹟（圖 3-1）。

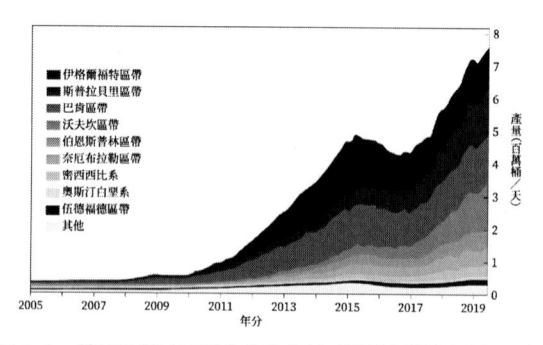

圖 3-1 美國頁岩油產量成長曲線（據美國能源資訊署）

頁岩油產業在經歷了多年的負現金流和持續投資後，2018年終於實現了全產業現金流轉正（圖3-2）。在頁岩油漫長的研發和投資歷史中，不斷有人質疑這種模式的永續性，怎麼可以靠持續虧損維持一個產業的發展呢？甚至有人質疑這是一場「龐氏騙局」。這樣的質疑往往來自傳統產業，如果看資訊與網路產業和新能源產業發展的投資模式，這樣的模式並不稀奇。京東也是在歷經了十幾年的虧損之後，才終於達成盈利。在這個漫長的投資期，儘管沒有盈利，但投資者更看重其營業額的快速成長，因為這代表著未來更大的盈利，這一點似乎和頁岩油氣有些相似。

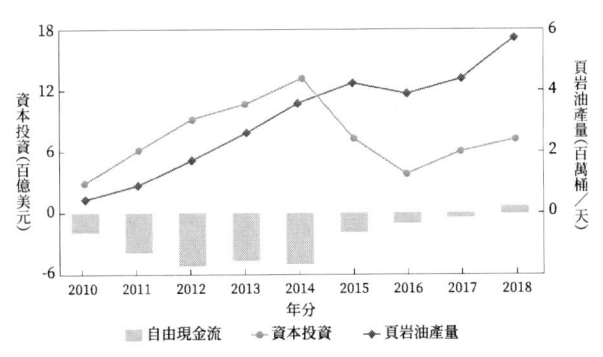

圖3-2　美國頁岩油產業歷年資本支出情況（據IEA）

近年來，綠色金融正在成為熱門詞彙，國際社會期望透過一系列創新實踐和制度設計，用金融和投資手段來促進能源低碳轉型，實現節能減碳和永續發展。金融也越來越主動

第三部分　金融力量背後的無形推手

地影響著能源發展的方向。

美國洛磯山研究所提供了一個典型的綠色金融案例。美國加利福尼亞州伯克萊市受到市政基礎設施建設融資的啟發，創立了名為資產評估性潔淨能源融資（Property Assessed Clean Energy，簡稱 PACE）的綠色融資機制。

這個機制可以幫助業主從第三方投資人處獲得效能提升的前期投資，包括用於安裝屋頂太陽能光電、更新供熱製冷系統、改造水泵、增強建築外維護等效能更新改造工程的全部費用。投資人與地方稅務機關協調，在房屋稅單中加上相應的額外還款項，並規定每期的還款金額及還款總時長。對於業主來說，他們不需要經歷繁瑣的申報流程便可享受低成本的專項貸款，以及後期效能改善所帶來的節省能源使用成本和舒適度提升。

PACE 的出現突破了效能市場的發展壁壘，透過連結物業稅、房地產稅，有效吸引了針對效能及新能源應用的社會資本投資，降低了政府的財政壓力。美國環保署為伯克萊市提供了一筆補助金，援助其撰寫《地方政府效能提升及可再生能源的指南》，PACE 在 2009 年正式獲得了來自白宮的支持，其被採用率也呈飛速成長的狀態。直至今日，全美國有超過 32 個州通過了 PACE 立法，覆蓋超過 80％的人口（圖 3-3）。

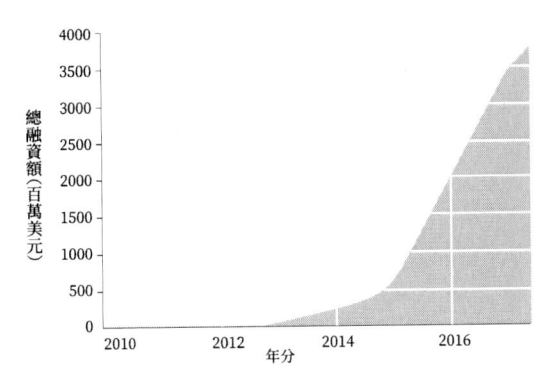

圖 3-3　美國住宅建築 PACE 融資額成長情況（據財經雜誌）

投資針對的是未來，尤其是對於那些前景並不清晰的新產業，這也是為什麼在這些方面投資產業可能需要比能源產業更敏銳的原因。如果說金融正在越來越深刻地影響能源發展的軌跡，那麼頁岩油氣與綠色金融的成功只是一個開端。

創新交易模式的誕生

2016年春天，4月12日星期一，在 LO3 Energy 公司的運作下，TransActive Grid 公司在布魯克林區建造了一個微電網，但這個微電網與傳統的有所不同，它試圖透過區塊鏈技術創造全新的商業模式。在這個網路裡，實現了點對點的個人能源交易，而且採用了新的金融結算模式。聯合創辦人 Lawrence Orsini 說，這是能源產業值得記住的偉大時刻（圖3-4）。

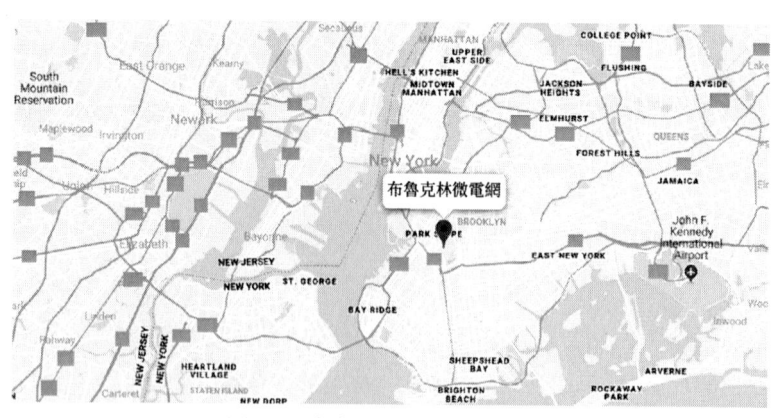

圖 3-4　布魯克林微電網位置圖

注：布魯克林位於紐約東部的 Park Slope 和 Gowanus 居民社區，這裡的分散式能源交易創新可能會展開新的能源模式。

這個專案作為先行者，很善於進行公民參與的工作，經常組織專業或公民的研討活動。在專案的專門網站上，清晰地傳達了專案的願景與使命：增加當地潔淨、可再生能源的生產；開發一個聯通分散式能源的能源網路，提升電網的可靠性和效率；創立金融激勵和商業模式，鼓勵社區投資當地的可再生能源。

這三個方面可以說非常完美地實現了里夫金在《第三次工業革命》中關於資訊和可再生能源的結合，里夫金的預言實現得似乎比預期的還要快，這個專案實行的時間距離該書出版只過了四年多的時間。

在布魯克林小鎮上空放眼望去，屋頂太陽能板已經遍地開花（圖 3-5）。在所有的當地能源資源中，太陽能光電仍然是最主要的來源，因為適用性最廣，而且投資成本相對低，技術上也簡單易行。其他在地能源包括生質（垃圾）、地熱、風力發電等則較容易受到制約因素的限制。

圖 3-5　布魯克林鳥瞰圖

注：布魯克林小鎮的在地能源主要來自太陽能光電，更重要的是它展開新的能源交易模式，預示了新的能源願景。
圖片來源：https://www.brooklyn.energy/

布魯克林能源微電網互動包括了需求和供應兩個方面，並設立了專門的互動網站，布魯克林專案就是提供了一個可再生能源直接交易的平臺，平臺後面還有一站式的服務。當客戶做出選擇的時候，不僅知道能源來自哪裡，而且深度參與其中。平臺的執行是以以太坊為基礎的智慧型合約，由 Tendermint 公司開發完成，在進行交易時，同時會產生能源虛擬貨幣，這種能源貨幣根據合約可以在微電網中使用。透過區塊鏈技術，虛擬貨幣可以隨著太陽能發電而產生，在生產者和消費者的電子錢包中進行轉移，當消費者消耗電力時，虛擬貨幣就會從其錢包中被自動轉出。

銷售方和消費者都可以向平臺提出明確的報價要求，並

且在平臺上自動進行價格互動並產生即時價格,每 15 分鐘會出清一個價格,交易也會被即時記錄到分散式帳本中,交易和付款都是根據智慧型合約自動執行。使用者可以自由地設定自己的偏好,比如多大比例的綠色能源、多少當地能源等,甚至可以設定優先購買自己哪個朋友家產生的電力。

能源從遙不可及的地方一下子到了眼前,還有貼心的服務,這種體驗感是傳統能源企業無法提供的。當各行各業都在大談客製化和體驗感的時候,能源產業在布魯克林終於迎來了新的曙光。

這種客製化和體驗基於網路的連線,有了新的商業模式,包括新的交易貨幣,是能源網路化的一次全面嘗試,參與者也從當初的十幾戶已經迅速成長到幾百戶,於 2017 年底,這個專案已經有約 50 個產消者,500 個消費者。專案在推進過程中也遇到了很多挑戰,隨著交易頻率增加,區塊鏈技術在支持高效能低成本的電力交易方面極須改進。後來隨著規模擴大,紐約政府要求小規模測試專案的產消者交稅,使得成本大幅增加。專案方 LO3 Energy 也開始到其他國家和地區尋找新的專案機會。這種可複製性很快就會進一步顯現出來,將會翻天覆地改變能源產業的結構。

在德國,儲能公司也在進行類似的商業模式創新。歐洲主要的電網公司 TenneT 與儲能公司 Sonnen 聯合採用家用儲

能電池,將這些分散的家庭儲能設施聯網,在經過一年半的先導試驗後,取得了良好成果,兩家公司認為這一模式前景十分廣闊(圖3-6)。

圖3-6 Sonnen公司的標準化產品(圖片來源:Sonnen公司)

注:標準化的產品使得Sonnen公司便於推廣其儲能模組,簡潔的產品背後是複雜的系統

Sonnen公司是一家致力於家庭儲能的企業,截至目前在歐洲大概有4萬個家庭儲能系統,每個系統的儲能容量為5～15千瓦‧小時,這樣的整體網路系統類似於一個「虛擬電站」,總容量大約400兆瓦‧小時,其電力調度調頻效能堪比上百萬千瓦的備用裝置。Sonnen系統得到了歐盟一級儲能的資格,代表可以與電網直接連線。

Sonnen公司的家庭儲能系統主要是配合分散式的家庭太

陽能光電和風力發電系統。值得注意的是，透過 Sonnen 的 Flat-Box 系統，成百上千的分散儲能系統實際上是相連的，這就代表著你不僅可以獲得自家儲能系統的電，也可以透過這個網路互相供電。這個虛擬的「儲能池」就可以保證在大部分情況下皆能供應穩定的電力（圖 3-7）。在這個系統背後，是由網路和大數據所支撐，它即時掌握每一個儲能系統的剩餘電量和可供調度的資源。

圖 3-7　儲能與太陽能光電匹配示意圖（圖片來源：Sonnen）

注：家庭用電的高峰是早晚，太陽能發電高峰是中午，儲存的能量除了家庭使用，還可以為電網調度電力。

在 Sonnen 公司的介紹中，加入其家庭儲能系統不僅會使用綠色能源，而且還會更加經濟。如果同意與這個系統聯網並在高峰時段提供電力調度電量（也許每天只是幾分鐘的時間，幾乎察覺不到），那麼就可以享受 0 電價的優惠，表示所簽合約中的用電量都是免費的。加入這個網路的會員費是每

月 19.99 歐元，但相比原本每月的基礎電費而言，費用還是大幅降低了（普通歐洲家庭每月的電費差不多要 50 歐元）。

值得一提的是，中國民營企業遠景能源於 2016 年 10 月成為 Sonnen 的兩個新股東之一。2019 年 2 月，國際能源大廠殼牌公司 Shell 決定要全額收購 Sonnen，Shell 旗下的新能源公司在歐洲全力布局新能源，這樣的聯合，也帶給了人們更大的想像空間。

Sonnen 與 TenneT 電網公司的小規模測試專案位於德國北部和南部的部分地區，除了 Sonnen 的家庭儲能系統網路，還配備智慧充電管理系統和基於區塊鏈技術的超級分散式帳本系統，該帳本系統就是一個開源的區塊鏈平臺。這款由 IBM 開發的平臺將達到智慧型合約的功能。專家解釋說，這可以看作是市場、分散式數據共享網路、加密貨幣的作業系統，它可以大幅降低在能源交易過程中所需的成本和複雜性。

在小規模測試中，Sonnen 使用區塊鏈解決方案，確定在特定時間內可以從家用電池系統中為 TenneT 的組合容量重新調度。每次 Sonnen 發送數據時，它都會作為自動生成的「報價」記錄在分散式帳本中。如果 TenneT 接受報價，那麼在能源過剩地區（例如風力很大的地方）的電池會自動充滿，並根據實際需求釋放功率給電網。分散式帳本中的即時文件代表

著「交易的每度電——無論是儲存還是放電——都會生成一個加密簽名,獨一無二並且透明,可以用於結算。」

根據 TenneT 和 Sonnen 的說法,該小規模測試展現出利用包括汽車電池在內的儲能系統,如何有效地用區塊鏈來為電網提供穩定性服務。該技術的主要優點之一是它建立了防竄改的系統,數以百萬計的交易皆自動化執行,因此能夠以非常低的交易成本運行。這種分散式數據交換確保了各個使用者可以靈活地與電網系統需求保持一致。

TenneT 表示,該小規模測試是為了應對 2030 年能源轉型對電網挑戰的眾多小規模測試之一。因為可再生能源的占比越來越大,需求方面的波動性也隨之提升。TenneT 數位化轉型負責人 René Kerkmeester 說:「比如說我們知道有需要充電的電動車,但我們並不確切知道何時、何地需要,電網擁堵和容量限制導致重新調度,其成本(通常轉嫁給消費者)每年將近 10 億歐元,新技術可以大幅降低這一成本。」

當然,即使示範取得了成功,這些創新也需要更多的外部條件才能大規模推廣,這些創新商業模式在市場條件十分發達的西方國家,也有重重困難需要克服,最重要的仍然是需要政策環境有所改變。

第三部分　金融力量背後的無形推手

區塊鏈在能源領域的應用

如本書其他章節所述,區塊鏈技術在能源產業嶄露頭角,有些已經脫穎而出。區塊鏈的應用前景在能源產業將不亞於金融產業,因為此技術可以確保開放且及時的能源價值交換,強化消費者和供應商之間的信任。這些解決方案將有效降低交易成本、提升效率,也會使服務供應商之間的競爭加劇,並進一步降低服務成本。

如下圖所示,根據 Venture Scanner 的資料,2018 年全球區塊鏈相關技術公司獲得的資金支持打破紀錄達到了 41 億美元,比前一年再增加 28%。過去五年時間裡,區塊鏈投資的複合年成長率為 87%,很少有一個新興產業如此深受資本市場青睞,這也預示著區塊鏈在各個產業才剛要開始大展宏圖(圖 3-8)。

如果要進一步理解金融將在能源領域掀起的風浪,就有必要先介紹「區塊鏈」的技術。

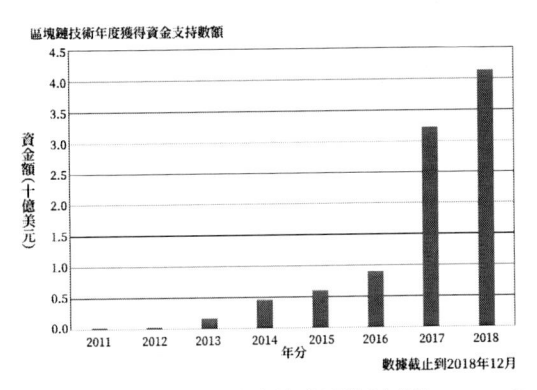

圖 3-8　區塊鏈技術公司獲得資金的成長情況（據 Venture Scanner）

2008年10月31日，比特幣白皮書釋出，一位至今也無法考證真實身分的神祕人士中本聰打開了區塊鏈技術的大門。區塊鏈可以說是一種特殊的分散式資料庫，也可以叫做分散式帳本。它的主要作用是儲存訊息，任何需要儲存的訊息，都可以寫入區塊鏈，也可以從裡面讀取，其核心技術包括分散式資料庫技術、點對點網路、加密演算法、共識機制四大方面。建立區塊鏈高度信用的加密演算法保證了按照時間順序記錄區塊，區塊頭的訊息透過雜湊演算法來進行加密。這種用雜湊演算法與時間戳結合，確保交易資料的時序性和不可逆加密，區塊鏈記錄每個事件並將其連結到前一個事件，就像是在一條鏈條上不斷增加新的區塊，這也是區塊鏈名字的來源（圖 3-9）。

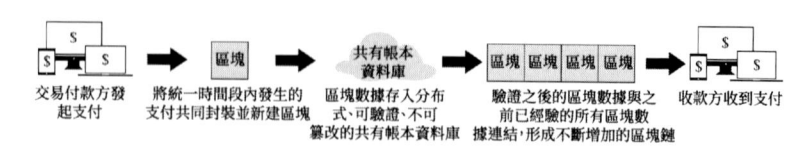

第三部分　金融力量背後的無形推手

| 交易付款方發起支付 | → | 將統一時間段內發生的支付共同封裝並新建區塊 | → | 區塊數據存入分布式、可驗證、不可篡改的共有帳本資料庫 | → | 驗證之後的區塊數據與之前已經驗的所有區塊數據連結，形成不斷增加的區塊鏈 | → | 收款方收到支付 |

圖 3-9　區塊鏈交易示意圖

注：透過區塊鏈進行交易不需要仲介和權威的認定，會根據智慧型合約自動執行。

這個解釋比較專業且繞口，可能很多沒有接觸過區塊鏈的人還是聽不懂。如果以生活情境中的例子來說明區塊鏈，就相當於過去工廠主管每天在工廠裡用大聲公分配每個人的勞動分工，這個分工就類似區塊鏈上的數位資產，而用大聲公進行每日分工的分配過程就類似區塊鏈上的交易廣播。它會被每個人記錄下來，因此具有透明性和不能更改的屬性，到了月底或某個約定的時間點，就可以憑這個分工紀錄換取薪資。那個時代的人們，儘管經常有貧窮的抱怨，但很少有關於公平的抱怨，換個比較穿越的說法，因為擁有原始版本的區塊鏈，幫助他們建立了一個公平且透明的體系，這個體系有助於公平社會的建立。

在這個比喻裡的工廠主管仍然是一個中心權威。其實區塊鏈並不一定排斥中心權威，只要這個工廠主管是基於大家都同意的機制而民選產生，每次廣播的時候就選舉一次，便也算是區塊鏈。類似的機制在區塊鏈內稱為 Proof of stake，

恰恰是現在最流行的共識機制，這也是「還政於民」的一個有效管道。

中化公司致力於區塊鏈研發應用的高層也推薦我一個用於解釋的比喻。這個對比可以讓我們對區塊鏈的革命性影響有更深刻的印象。

我們可以試想語言是如何產生並演進的，是誰發明了漢語？四千多年以來，漢語一直以分散式的方式發生、發展、傳承，沒有一個組織者來發明創造語言。語言這種分散式特點與區塊鏈形成非常好的對照。

一是不可竄改性。語言是歷史的傳承，不可竄改。比如，如果我們想修改「臥薪嘗膽」這個詞的內在和代表含義，如何才能做到？穿越回到戰國時期修改歷史？還是向幾十億個說漢語的地球人逐一面對面更正一次？

二是一致性。比如一個錯誤的詞語，叫「無毒不丈夫」，據考證原話是「量小非君子，無度不丈夫」。還有一句話叫「人不為己天誅地滅」，這裡的「為」是修為的意思。如果亞聖孟子知道他的話會被如此誤用，也會懊惱不已。由於用的人屢屢誤解，導致超過半數甚至更多的人，按照錯誤的用法使用這個詞語，結果大家都接受這個詞語的錯誤含義，而廣為傳播。而一些新的詞語，也隨著時代發展，被這種分散式的資料庫不斷加入人類的語言資料庫中，使得整個語言系統成

第三部分　金融力量背後的無形推手

長茁壯。語言的博大精深，正是得益於此。整個使用漢語的龐大群體，時時刻刻、全年無休，全都在全力、活躍並跨越時空地為漢語的繁榮做出貢獻。

三是穩定性。如果想消滅漢語，該如何做到？除非將所有漢語使用者，全部消滅掉，否則，每個人頭頂上都是一個分散式伺服器，記載著重疊率極高的相同資料庫，很穩健。

四是分叉原理。日本和韓國的國書均以漢語書寫，為何這些國家語言發音和字形完全不是漢語的樣子，這就是區塊鏈裡面的硬分叉。因為彼此無法達成共識，也許是由於地理隔離或是政見不合，總之，產生了分叉，但又都是同宗同源。

這些特徵就是區塊鏈所具備的所有要素，也許用語言來進行比較會讓人覺得太抬舉區塊鏈的地位和影響，但這項新技術將會為世界帶來重大而深遠的影響是毫無疑問的。

分散式帳本是一種在網路成員之間共享、同步的資料庫。它可以用來記錄網路參與者之間的交易，比如資產或資訊的交換。這些資產可以是有形的物理資產（比如土地或汽油），也可以是無形的虛擬資產（比如合約、專利和證券）。在成熟的市場經濟中，交換互通有無，資產的所有權和轉移會在商業網路中創造出價值。傳統的商業帳本存在許多不足之處，包括效率低、成本高、不透明且容易形成詐欺和濫

用。這就需要權威機構或第三方的協助,這種協助需要新的成本,而且也會產生新的詐欺和濫用,即使高等權威——政府,其腐敗問題也是屢禁不絕。信用是金融的核心,過去金融機構提供的服務主要也展現在信用上,但區塊鏈推動的分散式帳本卻建立了新的信用方式。

分散式帳本中的每條紀錄都有一個時間戳和唯一的加密簽名,這使得帳本成為網路中所有交易的可審計歷史紀錄。網路中的參與者更新帳本中的紀錄時,會根據共識原則來制約和協商。任何人都可以透過網路加入區塊鏈網路,成為一個節點。區塊鏈的世界裡面,沒有中心節點,每個節點都是平等的,都指向並儲存著整個資料庫。你可以向任何一個節點,寫入或讀取資訊,因為所有節點最後都會同步,確保區塊鏈一致。

區塊鏈沒有管理員,也不存在稽核問題,因為它的設計目標就是防止出現居於中心地位的管理者。正是因為無法管理,區塊鏈才能做到無法被控制。否則一旦大公司、大集團或者政府控制了管理權,它們就會控制整個平臺,其他使用者就都必須聽命於它們。因為沒有權威機構或中間的第三方機構(比如金融機構等)的參與,所以在分散式帳本或區塊鏈中建立大家都可以接受的信用,是這項偉大技術的核心所在。

區塊鏈知名專家曹寅認為區塊鏈本身並非一定排斥中心,區塊鏈也存在架構中心化、治理中心化和邏輯中心化三個層次的去中心化問題。

架構中心化:系統由多少物理電腦組成?可容忍這些電腦中的多少臺同時發生崩潰?

治理中心化:有多少個人或者組織最終控制著組成該系統的那些電腦?

邏輯中心化:指系統呈現的介面和資訊是否像是個單一的整體?

這三個去中心化中最重要的是治理去中心化,但是區塊鏈的去中心化不單純等於消滅中心,而是任意節點的權力和義務都是均等的,只要中心的權力和義務是合理均等的,並且中心產生的機制也是公開透明且得到所有節點的同意,區塊鏈也是可以接受中心的存在。

銀行總是喜歡大筆的交易,因為交易成本相對較低,比如處理一筆上億元的交易和一筆萬元的交易,其實涉及的人員和成本並沒有太大的差別,交易成本的問題使得小額的交易更加難以得到相應的仲介服務,因為成本所占交易額的比例更高,交易者難以承受。在能源交易中,大型電廠的信用很容易解決,但一個屋頂太陽能光電的交易者,就很難確定其信用。其實在整個虛擬世界中,信用問題都一直是極大的

困擾,區塊鏈的出現,帶來了網路世界中信用的曙光。

自 2009 年區塊鏈技術被比特幣用來形成加密貨幣公布以來,人們很快就發現了這項創新技術的驚人應用。除了數位貨幣這種最受關注的應用,人們利用以太坊這樣的公共區塊鏈平臺,或者自己開發一些有限使用者的專用平臺,在很多產業進行創新嘗試,這些解決方案應用在金融、交易、零售和醫療保健等眾多產業,產生了巨大的想像空間。

2017 年,BP、殼牌和挪威國家石油公司(Equinor)等大型石油公司聯合推出了一個基於區塊鏈的能源大宗商品交易平臺 VAKT。美國石油公司雪佛龍、法國石油大廠道達爾以及印度信實工業集團隨後也加入了 VAKT。該平臺打破了大宗商品交易商長久以來的「紙質」交易模式,進而轉向更透明、更便捷、更便宜的「電子」模式。

VAKT 順利投入使用後,創始股東公司隨即利用該平臺進行了北海原油交易。VAKT 透過有效利用區塊鏈技術優勢,能夠簡化傳統的對帳業務流程,繼而提升整個貿易生命週期的效率。VAKT 的目標是將業務不斷擴展到世界其他地區,逐步實現支援所有實際能源交易的目標。

VAKT 的主要股東也都是北海原油市場的主要交易商,它們透過 VAKT 交易的北海油占了線下市場的 67%,相對於普氏的定價,VAKT 可以加權算出一個更加公允的價格,可以得到

更真實、全市場的資料,從而將大為影響石油的全球定價權。

進一步發揮一下想像力,當 VAKT 囊括北海的所有交易,又掌握定價權時,它們可以重新制定交易單據的形式和法律,比如現在致力於全球推廣的電子提單,一旦成功,全球的交易都要用電子提單。用什麼做結算,就只能聽從 VAKT 的持有群體,可能像 Libra 一樣,綁定多種法幣作為支付工具;也可能使用基於美元的數位貨幣作為支付工具,能夠加速流通,同時鞏固美元在數位領域的霸權衍生,延長美元統治大宗商品領域的時間。

中化集團旗下能源科技有限公司積極開展能源貿易平臺的建設,應用區塊鏈技術也已經開展了油品進出口的交易,並且倡議產業更加深入地開發能源區塊鏈的應用。

德國能源大廠 Innogy 和物聯網平臺企業 Slock.it 合作推出基於區塊鏈的電動車點對點充電。使用者只需在智慧型手機上安裝 Share&Charge APP,需要充電時,從 APP 中找到附近可用的充電站,即可在附近的 Innogy 充電樁上充電,電價由後臺程式自動根據當時與當地的電網負荷情況即時決定,按照智慧型合約中的約定,付款給充電樁業主。由於採用了區塊鏈技術,整個充電和電價改善過程是完全可追溯和查詢的,因此極大地降低了信任成本。不過,這種收費方式目前還沒有普及,主要原因是那時以太坊的使用者體驗比較差,轉帳需要時間等

待，而且有轉帳費用過高、價格不穩定等問題。

在美國有大約一半的電動車車主都會在家裡安裝家用充電樁，這就代表著存量有幾十萬套充電樁（美國的電動車持有量超過了一百萬輛），卻不能共享，既然房屋都可以透過Airbnb共享，充電樁當然也可以。eMotorWerks釋出了雙向JuiceNet軟體平臺，這套系統是基於區塊鏈技術的P2P網路。該平臺組織了電動車充電站的分散式網路，使用者可以在地圖上查看可用充電樁的地點，還可以進行評論、評分，充電樁所有者在其他電動車司機使用時收取費用。

eMotorWerks創辦人Val Miftakhov指出，家庭安裝充電設備的成本比安裝在公共場所低很多。家用充電設備安裝成本在600～1,000美元之間，如果想要在公共場所安裝，最少也需要1萬美元。

2016年，瑞士銀行、德國電力公司萊茵集團（RWE）與汽車技術公司采埃孚（ZF）聯合為電動車車主開發了基於區塊鏈技術的電子錢包，這樣車主在電力收費、停車收費、甚至高速公路收費時，都能自動完成身分驗證和支付過程。這樣的信用工具大幅提升了潛在的商業機會，比如當車主不需車時，可以將其租出，透過電子合約的形式達成協議，再將協議編碼成智慧型合約，用車完成後，自動向用車者收取費用，完成向車主的支付。這也為將來無人駕駛電動車的結

算、交易資訊提供更加便捷的交易體系，提供信用保證，這將最大限度地降低從租車到付費的交易成本，而這一切操作都沒有第三方參與。

2018年11月，韓國電力公司（KEPCO）宣布，它們正在利用區塊鏈技術開發名為「未來微電網」的微電網專案，專案名稱為「KEPCO Open MG」，按照設想將建立一個「開放能源社區」，透過現有微電網技術的元素與區塊鏈相互結合，進而改善能源基礎設施的使用效率，而且也希望能夠促進當地的氫能發展。該公司早期的微電網主要包括小型太陽能光電、風力發電機和儲能系統，KEPCO的開放式微電網將利用新增的燃料電池作為補充電源，以提升能源的獨立性和效率，並且減少溫室氣體的排放。

區塊鏈在能源中的應用還展現在對綠色能源的追蹤中，這對於綠證（再生能源憑證）的管理具有重大幫助。西班牙可再生能源大廠伊維爾德羅拉（Iberdrola）正在利用區塊鏈技術追蹤可再生能源，在小規模測試期間，Iberdrola的技術平臺監控了可再生能源從兩個風力發電廠和一家發電廠輸送到位於巴斯克地區和南部城市柯爾多瓦的銀行辦公室的過程。該公司使用了能源網路基金會的開源區塊鏈平臺，旨在於小規模測試專案中滿足能源部門的監管、營運和市場需求。Iberdrola認為區塊鏈將有助於能源產地證書的簽發流程，該證

區塊鏈在能源領域的應用

書能夠使客戶了解所使用的能源源頭。這一分散式的解決方案無須中間商,可以幫助能源產業透明化,同時削減營運開支。上面提到的小規模測試技術也可以用於改進石化產品的認證過程,提升產品的安全認證品質,此舉每年可節省高達 40 萬歐元的成本。

洛磯山研究所追蹤並分析了一些區塊鏈在能源領域的應用後,認為未來幾年會有更多區塊鏈技術的顛覆性應用,在全球市場達成商業化(圖 3-10)。

區塊鏈在能源領域的應用正在走得更遠。位於英國的 4NEW 創業公司已經將虛擬貨幣引入了電力交易,其建立的虛擬貨幣 KWATT 與電量具有實實在在的連結。在 KWATT 伺服器所在地,有一個垃圾焚燒電廠,KWATT 與垃圾電廠的電量進行連結。電廠每小時可以發出的電量是 10MWh,根據這一電量,每年設計提供的能源代幣是 1.5 億個 KWATT,大致估算每個代幣相當於電廠發出的 2 度電。

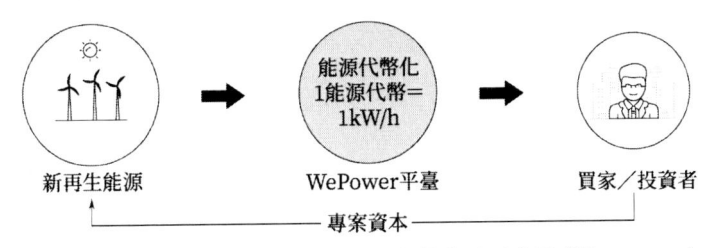

圖 3-10 區塊鏈在可再生能源資產交易上的應用示意圖(據 WePower)

注：區塊鏈技術也有於實現對可再生能源的投資，WePower 公司建立的平臺透過能源代幣來評估新的可再生能源專案的資產價值，進而獲得投資。

地處荷蘭阿姆斯特丹的 De Ceuvel 以潔淨技術園區而聞名歐洲，這一園區從 2012 年設立以來，吸引了大批的創業企業、藝術家和來自世界各地的居民。這裡有創意工作室、禮堂和溫室，還有咖啡廳和一間 B&B 旅館，當然還有可供出租的房屋，很快這裡還將建設一個有機垃圾處理站來就地生產沼氣。這裡正在成為一個永續生活新概念的試驗場，新的技術將從這裡向外推廣（圖 3-11）。

圖 3-11　De Ceuvel 潔淨技術社區的鳥瞰圖（據 De Ceuvel）

注：這裡有 16 棟辦公建築、一個溫室、一間餐廳和一家旅館，所有設施都透過智慧電表連接到當地的智慧微電網中。

區塊鏈在能源領域的應用

目前,能源市場的運作方式是能源供應商根據其智慧電表計量,將帳單寄給使用者,每月據此從銀行結帳。採用代幣以後,透過電子錢包,供應商和社區的使用者就可以直接結算,這背後的技術就是利用區塊鏈來保證其安全且透明。

從事軟體開發的公司 Spectral 和電力、天然氣配送商 Alliander 在這裡共同開展了一項基於區塊鏈的能源試驗。它們創造了一個 Jouliette 代幣,致力於使居民能夠更輕易地在當地社區管理和分享在地的可再生能源。

Jouliette 的名字取自「焦耳(Joule)」——能源本身的度量單位,這也是荷蘭首次使能源使用源代幣。這一嘗試目標遠大,透過自下而上的方式達成更加分散且可靠的能源供應,協助荷蘭早日實現其 100% 可再生能源的目標。

第三部分　金融力量背後的無形推手

金融與能源的相互驅動

當布魯克林社區的微電網在奮力推動點對點的能源交易，讓可再生能源交易進入尋常百姓家時，金融領域也在醞釀著同樣偉大的構想，不過，他們的願景是：讓金融服務走進千家萬戶。

2019 年 6 月，臉書釋出了一份白皮書，啟動基於區塊鏈的網路貨幣 Libra（天秤座）。白皮書一開始就說，在這個世界上還有 17 億人根本無法享受到基本的金融服務，儘管他們中的 10 億人已經擁有手機並且半數可以聯網，現在一臺最簡單的智慧型手機不過區區 40 美元。即使在非洲很多貧窮地區，智慧型手機也正在成為普通人的工具。

我們相信，臉書絕不只是主要為這金融貧困的幾億人服務，實際上臉書將近 27 億的使用者，擁有著這個世界上最多的財富。但故事從這裡講起並沒有錯，不僅有道義的高度，也點明了一個事實：使用虛擬貨幣的門檻其實已經很低了。

虛擬貨幣以分散式為核心特徵的區塊鏈為基礎，如果將其與分散式能源進行對比，會發現它們有很多相似之處，而且相輔相成。兩者都是採用分散式的理念和技術，高度依賴

數位化的新事物。也都是自下而上的顛覆者，分散式能源顛覆了存在幾百年的集中式或者說金字塔式能源系統，而虛擬貨幣則將顛覆傳統金字塔式的金融體系。這種顛覆如果成功，將大幅降低交易成本，提供效率，創造出巨大的價值。

有意思的是，虛擬貨幣已經與能源產生了定價上的交集，不過是以能源消耗量來呈現。儘管沒有權威機構確切計算比特幣挖礦在全球消耗了多少能源，但公認其耗電量十分巨大。2018年一項發表於《焦耳》(Joule)雜誌上的研究認為，在全球，比特幣挖礦在一年內所消耗的電量至少與愛爾蘭全國的年電力消耗量相當，約為24兆瓦·小時，而且這一數字還在快速上漲。

因為冰島電價便宜，所以成為虛擬貨幣挖礦聖地，據統計，在冰島用於挖礦的能源消耗已經超過了家用消耗量。有人對比了虛擬世界的挖礦與現實世界的礦山採掘（比如銅礦、金礦等）的能源消耗，虛擬挖礦的耗能超過了現實很多類型的礦山開發。實際上，當比特幣降低到4,000美元以下時，很多電價高的地區便停止挖礦，因為這一價格已經不足以用來支付電費，能源成本成了虛擬貨幣的價值標竿。這看起來讓人有些哭笑不得，有專家甚至宣稱虛擬貨幣將對全球氣候變遷產生負面影響（圖3-12）。

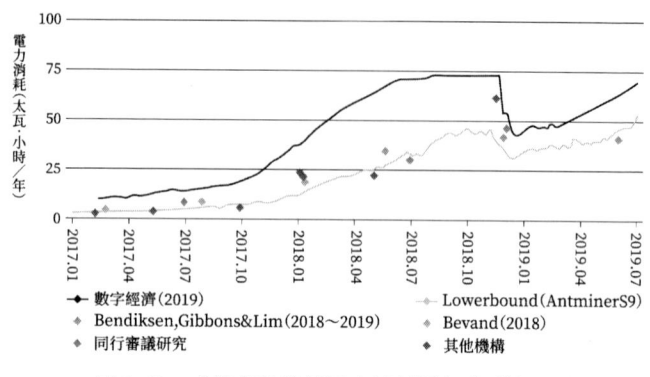

第三部分 金融力量背後的無形推手

圖 3-12 虛擬貨幣挖礦電力消耗量評估（據 IEA）

注：這張圖是 IEA 專家對比了不同機構和專家對虛擬貨幣挖礦產生的電力消耗的評估，可以看到雖然有一定的差異，但都顯示為非常大的量。這個量超過了愛爾蘭全國的電力消耗量（26 兆瓦・小時），甚至堪比電動車的電力消耗量，2018 年全球電動車的電力消耗量也才 58 兆瓦・小時。

虛擬貨幣的電力消耗，主要來自伺服器按照雜湊演算法形成新的虛擬貨幣的大量計算，以及為了冷卻機房的製冷等，有些類似於資料中心。在哪裡開採取決於多項因素，最主要的是電力價格，也包括高速的網路連線、涼快的氣候（以減少製冷的耗電），當然當地寬鬆的監管和友好態度也很重要。基於這些因素，中國、冰島、挪威、喬治亞、魁北克等地成為主要的開礦地。

就比特幣來看，大約有 60%～70% 產自中國，這些開礦

金融與能源的相互驅動

的地點多在水力發電和風力發電便宜的偏遠地區,據估計有80％的礦機位於四川地區,當地的水力發電豐富而便宜,有專家認為這一定程度上也吸收了過剩的電力。

就全球大部分採礦地來看,採用的還是相對「綠色」的電力。比如冰島100％為可再生能源,挪威則是98％,喬治亞也有81％。有一項分析追蹤了93個開礦地區,表明76％電力消耗來自可再生能源。

靠消費多少電量來連結虛擬貨幣的真實價值顯然是一種扭曲,它們不應該用這種間接方式連繫在一起,正如前文所述的虛擬貨幣與綠色電量的連結機制,已經有更好的方式在能源和虛擬貨幣之間建立直接的橋梁。

虛擬貨幣與能源的連結當然具有不少挑戰,需要認真的審視及精細設計。這些挑戰至少來自兩個面向,一是能源與虛擬貨幣本身的特性,一是外部監管問題。

電力價格本身是不穩定的,具有很大的波動性,與石油相比波動更加頻繁。石油的價格儘管也有波動,但在正常時期,石油價格基本會呈現相對良好的穩定性,這與它本身的開採成本和供需是可預測的有關。反觀電價,在一天的不同時段,可以相差甚遠。如果虛擬貨幣與能源連結,也應該面對這種不穩定性的問題。好的方面是,儘管能源價格在不同時段呈現很大的波動性,但這種波動是有規律可循的,不僅

是不同的季節有規律,每天的規律也很明顯,如果加上大數據的天氣預測(風、光資源的變化),能源的價值會變得更加可以預測。若從更為整體的角度來看,能源包括電力的價格會呈現更好的穩定性。曹寅認為應該轉換思路,生產端的供給是不穩定的,但是消費端的價格可以是穩定的,尤其是簽了長期購電合約的消費者。因此電力代幣不一定要和生產連結,也可以連結到消費端,再透過市場機制調節供需。

能源具有產地屬性,產區和距離較遠的消費區會有明顯的價格差異。仍然以石油為例,石油可以說是全球商品,儘管不同地區也有價差,但布蘭特和 WTI 兩大指數體系有效地展現了石油全球價值的統一性,這是因為海運成本很低,石油可以在全球流動,大規模的石油貿易平抑了全球價差。但可再生能源基本上都具有地區屬性,比如在北非日照充足的摩洛哥,太陽能發電的價格就會遠低於陰雨連綿的英國,但摩洛哥的電無法輕易送到英國去。即使在同一個國家或地區,也會有地區電力資源差異問題,而這樣的價差卻很難透過大規模貿易來平抑,這在與虛擬能源代幣連結的時候,就會帶來新的挑戰。

位於澳洲的 Power Ledger(能源帳本)公司 2018 年釋出白皮書,詳細闡述了自己的虛擬能源貨幣方案。它們建構

金融與能源的相互驅動

了自己的能源交易代幣，透過將虛擬能源代幣與法定貨幣綁定，可以與法定貨幣自由交換，既可以購買也可以贖回。透過 Power Ledger 的平臺，既可以進行點對點的直接能源交易，也可以執行電動車充電、碳交易、微電網管理、市場清算等一系列業務。

Power Ledger 同步設計了一套雙通證模式的方案，分別叫做 POWER 和 Sparkz 的代幣，POWER 是建構其區塊鏈交易平臺生態的頂層設計，通用於整個平臺，有支付功能和投資等屬性，是典型的加密數位貨幣，而 Sparkz 則透過智慧型合約與 POWER 進行連結，用 POWER 可以購買 Sparkz，Sparkz 也可以兌換 POWER，同時 Sparkz 則可以用於不同國家和地區的具體電力交易。

Sparkz 可以與任何使用這一平臺的國家法定貨幣進行綁定，進行自由兌換，比如在澳洲一個 Sparkz 相當於一澳分，可以與當地電力價格進行無縫轉換。POWER 相當於超越國家主權的全球性加密數位貨幣，與比特幣相似。POWER 代幣可用於購買 Sparkz 代幣，Sparkz 透過支援當地的電力交易，從而又能夠與當地法定貨幣進行兌換。白皮書並沒有詳細闡述這兩種代幣之間的兌換細則，但目標應該也是為了更有效地推動能源與虛擬貨幣的配合（圖 3-13）。

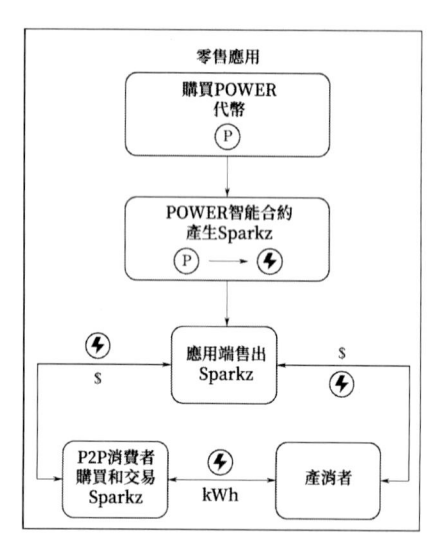

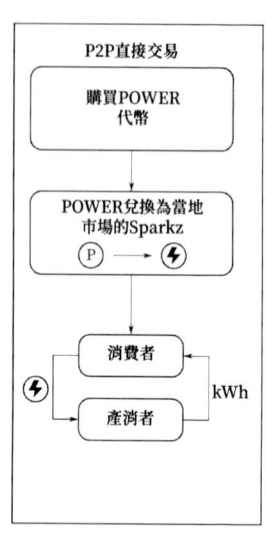

圖 3-13　POWER 和 Sparkz 應用示意圖（據 Power Ledger 白皮書）

　　虛擬貨幣與能源的連結已經如雨後春筍般在很多地方實現，這種實踐會帶來很多新的問題，當然也會有更多的解決方案。就理論來說，虛擬貨幣並不需要綁定某種等價物，就如同金本位已經成為明日黃花一樣，但一種貨幣要通行天下，最重要的是以這種虛擬貨幣進行結算的規模足夠大，這種虛擬貨幣的信用度也就會更高。從這點來說，只要有越來越多的能源交易採用虛擬貨幣結算，那麼就會有非常扎實的現貨交易基礎。現代金融市場就會根據這樣的現貨交易，開發出期貨及相應的金融產品，能源期貨產品的標準化相對容易。如此一來，就會十倍、百倍地擴展這種交易規模，自然

金融與能源的相互驅動

很有可能支撐起虛擬貨幣的新體系。

關於監管問題是一個無法避而不談的問題。由於監管的挑戰使得早期的加密虛擬貨幣很可能需要與美元等法定貨幣連結，但這種連結顯然也可以更加多元化。Libra 的出現就再次引起了熱議，Libra 推出白皮書後，從川普、聯準會、議會、證監會等都輪番公開表態，整體感覺是憂慮大於支持。不過很多憂慮似乎是因為不了解，比如對助長非法交易這樣的指責，有人曾經問了一個非常有意思的問題：換位思考一下，如果去買毒品，人們是願意現金交易呢？還是會選擇微信支付呢？答案不言而喻。虛擬貨幣因為其身分追蹤和高透明度特點，反而能夠在很多方面防止不良交易。現在的比特幣交易其實已經比很多銀行交易還透明，因為絕大部分的數位貨幣交易所都對客戶有嚴格的 KYC（了解客戶，know-your-customer）要求，而且由於比特幣的可追溯性和不可竄改性，要追蹤不法虛擬貨幣交易易如反掌。

法定貨幣背後是國家信用，而像臉書這樣富可敵國的跨國企業，它的信用實際上比很多國家政府都要好。如果企業主導的虛擬貨幣最終能夠成為全球貨幣，那麼對於傳統的國家治理模式也將產生重大的影響，將會極大約束單一政府的非理性行為。

在跨境貿易中，不同的貨幣結算是一大障礙，由於沒有

全球化的央行,要透過銀行及金融機構的層層代理,並藉由 SWIFT 系統,才能完成最終結算。美國動用長臂管轄機制,禁止使用美元與其制裁的國家進行交易,比如對伊朗和朝鮮等國的制裁,就是藉助這一系統。

而 Libra 的出現則有可能打破這種代理機制,對國際金融體系產生顛覆性影響。這倒可能是讓美國政府深感憂慮的真正原因。當然 Libra 也可以服從美國政府的長臂管轄,臉書也可以禁止使用者使用臉書開發的官方 Libra 錢包,但是非官方錢包就不在臉書的管理之下了。

中本聰在用區塊鏈規劃虛擬貨幣的時候,就已經預見到了這項技術對政治的影響,這種影響甚至也是他的目標,讓政治更加公開透明。

在 Libra 的白皮書中,清晰而簡單地闡述了這一新型虛擬貨幣的願景和特徵:Libra 的使命是建立一種簡單的全球貨幣和金融基礎設施,從而使億萬人受益。它將建立在安全、可擴展和可靠的區塊鏈技術上;將獲得現實中的資產支持,從而使其具備內在價值;這一生態系統將由 Libra 協會來進行管理。白皮書特別強調了一點:與其他主流的加密貨幣不同,Libra 將由真實的資產儲備進行背書。

金融與能源的相互驅動

　　截至白皮書釋出之際，臉書列出了一些協會的發起成員，包括了萬事達、Visa、PayPal 等耳熟能詳的金融支付大廠，也包括了 Uber 等共享經濟平臺的代表，但涉及能源的企業還沒有出現。但毫無疑問，如果 Libra 要和現實世界的資產連結的話，能源是最佳的候選對象。就像當初美國國務卿與沙烏地阿拉伯國王敲定原油美元計價，支撐了美元強勢國際貨幣的地位一樣，祖克柏和他的同事也許很快就會意識到這一點：能源將是最好的貨幣儲備物。

第三部分　金融力量背後的無形推手

第四部分
未來的能源路徑

第四部分　未來的能源路徑

在能源產業的實踐中，想建構能源網路並應對金融重塑，一個開放的市場體系是先決條件，沒有開放的能源市場，就無法實現價格的即時回應，而這是各種創新商業模式能夠成立的前提。

能源領域確實正在發生大變革，但這一切也並不會馬上完成，因此往往會產生一種假象，讓人覺得可以繼續維持舊有的框架修修補補。正如我們沒有預料到頁岩革命對能源領域造成巨大影響，我們很可能也會低估數位革命對能源領域造成的巨大影響。

方向不明確的修修補補將會導致能源革命路徑產生累積性偏差，從而在這場能源革命中最終處於下風與被動立場。我們常說：立足當下，放眼未來。這句話其實應該倒過來，如果不能放眼未來，那麼可能代表我們的「立足當下」會越走越難。

這不僅是硬實力的問題，更需要軟實力的配合。其中首當其衝的是能源市場的建設。如果電力的價格不能由市場化產生，那麼即時電價就無從談起，而在能源數位化大潮中靈敏地指揮各種能源生產消費的指揮棒，就是市場價格。

試想當夜晚充滿電的電動車停在地庫裡，到了中午高峰時刻，能夠智慧地將電量反送到電網，能夠使基礎設施服務商、車主和使用者都有動力這樣做的原因是什麼？當然不是因為他們更加高尚，而是透過這樣的操作，可以有巨大的經

濟效益。有專家進行評估，峰谷電價差如果超過一倍，車主透過這樣的電網服務自然有可能實現免費用電——透過這樣的價差來實現收支平衡。而這樣的即時價格是政府無論如何也無法制定出來的，因為一大片烏雲也可以造成電價波動，這又如何透過人為努力去設定呢？

中國的電力市場經過漫長的改革後，儘管已經取得了巨大的進展和成果，但現貨市場仍然很不成熟，也很難產生即時電價。沒有靈敏的市場訊號，那些創新的分散式能源和儲能等應用，就無法找到適合的商業模式。一方面能源系統需要不斷提升冗餘來保障峰值的需求，並應對更高比例的變動性可再生能源；另一方面卻無法調動潛在的能源效率。加快市場化程序是推進能源革命的基本條件。

天然氣市場化改革也是同樣的道理，天然氣本身和電力就有很高的配合性，當氣價高漲的時候天然氣發電廠可以將天然氣轉售牟利，比發電得到的利潤還要高，這種調度多餘和不足的能力也是依靠靈活的市場價格。天然氣具有較好的可儲存性，如果機制合適的話，在提供系統靈活性方面有很大的潛力。合適的市場設計、納入規則、監管等都是必要條件。考慮到歐洲正在嘗試以管道輸送氫氣的實踐，天然氣基礎設施在未來的能源轉型中仍然大有想像空間。

能源的市場准許在一些地方仍然有很多隱性的門檻，長

期條塊分割的格局在早期造就了專業化的服務,但已經越來越不能適應形勢的需求。其中典型的例子是過去規劃天然氣分散式能源卻沒有實現,究其原因,這些分散式能源發出的電相當難以併網,因為電網企業並不歡迎這類直接從使用者端進入的競爭者,當然檯面上的原因並不是這些,技術、安全等總是具有更優先的權重。長期以來,天然氣供應採取專營模式,也阻礙了新進入者。比如天然氣分散式能源的餘熱,如果只能出售給熱力公司,那就很可能無法實現經濟性,更不要說精細的即時調度了。

區塊鏈很早就遍地開花,儘管不乏投機,但這也是新產業得以快速發展的必然過程。在能源領域,也有包括中化公司、萬向公司等持之以恆地以區塊鏈技術來構造新的能源合作模式。

區塊鏈、以區塊鏈技術來建構的新能源合作模式、虛擬能源代幣、電動車充電交易,這些數位化賦予能源生產和消費精細的調度與匹配能力需要市場的獎賞,如果不能獲得盈利,即使再先進的技術也無法推廣。市場化的建設是最基本的條件,當然更加豐富靈活的金融服務也是這些產業高效運轉的必備要求。這是我們面臨的巨大挑戰,也是正在努力推動的變革,在能源革命的洪流中,我們需要有信心,但也應該更加有緊張感。

尾聲

尾聲

　　能源、金融、網路,這些固然都是非常重要的議題,但脫離了為人服務、提升人的福祉,就會喪失其最基本的功用。創新的大潮必然帶來產業的興衰更替,一方面帶來勃勃生機,另一方面也會波及千萬人的生計,在這個歷程中,不忘初心尤為重要。

　　著手撰寫本書的 2019 年夏天,我出差途中參觀了中國大慶油田的鐵人紀念館。儘管那天下著大雨,但仍然人潮洶湧。在博物館最後的房間,鐵人的銅像後面寫著一句他自己的話,我這輩子就是要做好一件事情:盡快發展中國的石油工業。

　　一輩子只想做好一件事情的人,在這個時代已經非常罕見了,但這一點也不影響人們對這種精神的敬仰,賈伯斯的一輩子其實也只做了一件事。時代滾滾向前,主題不斷變換,但人們對更美好生活的期盼並沒有變。

　　能源革命的風起雲湧,勢必會深刻地改變這個世界,也會影響到每一個人。我還是禁不住想起了本書開篇引用的那句話:石器時代的結束,不是因為石頭沒有了,同樣石油時代的結束,也不會是因為沒有石油了。

　　當新的一輪能源革命在全球風起雲湧之際,油田一片祥和寧靜的氣氛,似乎能源革命依然遙遠,但改變已在悄然發生,數位油田的推進,使得越來越多的站場可以無人值守,

與其說減少了工作職位，不如說緩解了用工的緊張。大慶油田員工超過 12 萬人，減少冗員曾是歷任領導者的一大心病。隨著產量高峰過去，時間可以解決的問題超過了人的設想，但需要我們的超前意識和主動規劃。

大慶作為中國能源產業的重鎮，具有一定的代表性。產業革命的發生，會帶來翻天覆地的變化，但也因為漫長的過渡期，帶來的社會影響並沒有想像中那麼劇烈，也有足夠的時間來消化，因此只要安排得當，完全可以避免不必要的動盪。

1980 年代柴契爾政府對英國煤炭產業採取雷厲風行的手段，一方面關閉低效的礦井，另一方面提升了優質礦井的機械化程度並大幅裁員。工會在 1984 年掀起了全國性的大罷工，柴契爾夫人準備周全，毫不妥協，展現了鐵娘子的手腕，甚至還發生了被稱為「歐格里夫戰役」的流血衝突。罷工最終以礦工無條件復工而結束，柴契爾政府在政治上取得了重大勝利。1985 年，英國政府最終關閉了 25 個不盈利的國有礦場，並在 1994 年讓所有礦場私有化。除了政治上的影響，這也迅速推動了英國進一步擺脫煤炭進入更潔淨的天然氣時代。不過後人以此為題材編寫了不少小說和劇本，工人的悲慘生活反而贏得了大多數人的同情。

英國人也在不斷學習中成長。英國政府宣布 2025 年將徹

尾聲

底關閉所有煤電廠，實際上即使沒有這個最後通牒，煤電廠的日子也已經非常難過，近年來煤電輸電小時數不斷創下新低。但這留下了一個大問題：該如何處置那些舊的燃煤電廠呢？這背後還要隱含著：如何安置那些可能失業的工人呢？

這兩年，我們聽到了不少煤電廠破產的新聞，從南到北，已經不再是個案。即使在幾年前這也是不可想像的事情，那時候保障電力供應還是整個經濟發展的一個重要條件。這些煤電廠破產雖然有其自身各式各樣的特殊原因，但也刻著深深的時代烙印。

這樣的情形也具有全球性。隨著外部發展條件越來越困難，英國的德拉克斯電廠花了7億英鎊來進行能源轉換，改造成為生質和天然氣電廠。發電廠修建了4座圓頂建築，每座高50公尺，用於在現場儲存生質燃料。每天都有16列加蓋貨運火車抵達這裡，送來木屑顆粒，以確保充足的燃料供應。

目前，改造後德拉克斯電廠的發電能力不變，其煤炭發電能力和生質燃料發電能力均為200萬千瓦。它現在已有4個生質燃料發電機組，剩下的2個發電機組最終會改燒天然氣。

德拉克斯電廠試圖打造一個創新的典範，展現如何為老舊的燃煤電廠改頭換面。德拉克斯電廠還計劃在廠區內建造

大型蓄電池，為電網提供備用電力調度能力。

還有很多其他的想法可以重新改造以前的燃煤電廠。加拿大一家名為海德羅斯特（Hydrostor）的公司已經設計出了將舊燃煤電廠改造成壓縮空氣儲存裝置的方案。當需要電力時，空氣可以被釋放出來，使電廠的渦輪機重新運轉。Google 公司則把阿拉巴馬州的一個舊燃煤電廠改造成資料中心。

這些案例說明，煤炭停用之後燃煤發電廠還能繼續找到生存之道。充分利用這些老舊的電廠資源，需要智慧和環保意識，也需要付出必要的代價。

能源是社會生活中最重要的組成元素之一，但毫無疑問也得放到整個經濟社會生活中來進行考察。能源在歷史上往往被寡頭壟斷，成為少數人獲得權力甚至奴役別人的工具。正在徐徐展開的新能源革命將帶來許多根本性的變化，它的主要特徵之一就是平易近人，勢必會將把金字塔型的能源結構扁平化，有學者把這稱為能源的「民主化」，也相當貼切。

但這一「民主之路」注定不會一帆風順。正如本書所論述的，分散式的可再生能源將和以區塊鏈為代表的金融創新緊密結合，才能完成新一輪的能源革命，賦予能源和金融大幅拓展的內涵和延伸，從而對人類社會產生深遠的影響。

金融權力充滿誘惑，圍繞這一過程的角逐會非常激烈。能源、資訊和金融領域前所未有的結合，也將帶來前所未有

尾聲

的合作與競爭。眾所周知，這幾大領域人才薈萃，既可以彙集最強的智慧，也可能產生邪惡騎士那樣妄圖「替天行道」的投機者。

區塊鏈本身也還不是完美無缺，很多問題有待解決，如果需要滿足大量交易的需求還有許多技術要完善。此外，作為大幅度提升交易效率的技術，本身卻是高耗能的產業，這多少有些諷刺。「挖礦」作為區塊鏈所催生的新產業，正大量增加能源消耗，這種投機已經不是在創造財富，而是在消滅財富了。

技術、商業模式和監管政策就像是驅動能源革命的三頭馬車，缺一不可。技術是基礎，有了合適的商業模式才能大行其道，但相應的監管不可或缺。虛擬金融、成千上萬的分散式、資訊安全，即使單一的問題也已經讓政府感到頭痛，這些混在一起，更是對每個政府執政能力的考驗。

政府必須保持開放心態。歷史的進步不以人的意志為轉移，每一次產業革命都與政策的支持緊密關聯，國際間也會在產業政策層面暗中競爭，然後很快就能顯現出來。過去一、二十年各國政府爭相補貼可再生能源就是例證，正是在這種爭相促進的政策環境中，研發和投資才得以超常地增加，儘管各國政府在相關國際場合都指責別國補貼過多，造成不公平競爭，但心裡都明白，這就像是賽跑，都在力爭上

游。當然除了競爭,新能源革命也為能源的國際合作帶來了更廣闊的空間,正所謂「技術無國界」,從過去爭奪能源資源到未來更偏重分享技術開發當地的可再生能源,人類命運共同體在能源領域也會得到更好的展現。

在新一輪的能源轉型中,我也感受到了這種火熱氣氛。德國政府已經連續 5 年召開「能源轉型討論會」,人數屢創新高。除了各主要國家的能源部長們,更有數以千計的新能源企業以此為平臺,嶄露頭角,力爭開拓更廣闊的市場。能源轉型就像一面道義的旗幟,在產業大軍的全球攻城略地中獵獵飄揚。

軟實力和硬實力一脈相承,甚至可以說軟實力是更重要的能力。像是丹麥這樣的小國,作為能源轉型的引領者,旗下的維斯塔斯、丹佛斯等也已經成為享譽國際的明星跨國企業。基於丹麥推進能源轉型和服務的盛名,中國政府特地邀請丹麥人來擔任顧問並進行能源服務計畫,隨後又讓丹麥公司進行了整個城市的供熱改良,使原本廢棄的能源得以利用。

從人類歷史來看,任何一次危機也都會孕育出新的機遇。在對抗疫情的過程中,數位技術發揮了不可替代的作用。在可以預見的未來,這種趨勢會更加深刻地影響包括能源在內的更多產業。先前的疫情在加速改變人們的認知和生

尾聲

活方式，人們對環境和健康的重視正在提升到新層次。更加綠色和環境友好的能源體系不僅是願景，而會逐漸成為迫切需求。

里夫金認為，第三次工業革命勢必也將改變權力關係，第一次與第二次工業革命均採用垂直結構，傾向於中央集權、自上而下的管理體制，大權掌握在少數工業大廠手中。第三次工業革命的組織模式卻截然不同，其採取的扁平化結構，由遍布全球的無數中小企業組成的網路與國際大廠共同發揮作用。這種由金字塔型向扁平化結構的轉變，不僅將改變我們的商業邏輯，對文化和政治領域也將產生重要影響。這種改變可以和網路帶給我們生活的改變相提並論，甚至更加深遠。

我們準備好了嗎？

致謝

致謝

本書涉及面向廣泛，我在很多方面都可以說是門外漢，草就此書是希望為能源未來發展方向的深入探討提供指標，目的是拋磚引玉。

我非常幸運能夠在能源局和國際能源署長期工作，在受到良好培養的同時，也給了我絕佳的機會從許多角度來觀察和思考能源發展的未來。我由衷地感謝能源局和國際能源署的同事們給予眾多幫助、支持和鼓勵。

本書草稿完成以後，北京大學能源研究院創始院長金之鈞院士、中國工程院前副院長杜祥琬院士、北京國際能源專家俱樂部總裁陳新華博士、亞洲開發銀行能源總監翟永平博士、能源區塊鏈實驗室合夥創辦人曹寅、中化能源科技公司副總裁于瀛蛟、丹佛斯中國區副總裁車巍、美國 NextDecade 公司資深副總裁李平、殼牌公司高級分析師任先芳、國家資訊中心高級專家姚宇、財經雜誌執行主編馬克、中國能源網創辦人馮麗雯等在百忙之中審閱了草稿，並提出許多寶貴意見，他們的指教大大提升了本書的品質。

特別感謝大家的大力支持，得益於張衛國總經理、郎東曉總監的鼓勵和支持，本書才能最終付梓。感謝湯靜女士協助編輯此書並重新繪製了本書圖表。

最後，我要特別感謝我的愛人，作為靈魂伴侶，她給了我最好的精神支持。我也要把這本書獻給我的兒子們，希望你們擁有的未來會因為我們這代人現在的努力而變得更加美好。

致謝

參考文獻

參考文獻

[01] 傑瑞米・里夫金。第三次工業革命。北京：中信出版社，2012

[02] 鄒才能等人。新能源。北京：石油工業出版社，2019

[03] 羅伯特・海夫納三世。能源大轉型。北京：中信出版社，2013

[04] 陳新華。分散式是能源發展的必然趨勢。http://www.sohu.com/a/339338680_825427，2019

[05] 翟永平。全球能源低碳轉型的三點思考。http://www.sohu.com/a/307195284_825427，2019

[06] Marco Alvera. Generation H, Healing the Climate with Hydrogen. Mondadori, Italy, 2019

[07] IEA。中國分散式能源前景展望。北京：石油工業出版社，2017

[08] 李俊峰。技術創新是能源轉型的最大推動力。http://guangfu.bjx.com.cn/news/20191015/1013303.shtml，2019

[09] 金之鈞、白振瑞、高波、黎茂穩。中國迎來頁岩油氣革命了嗎？石油與天然氣地質，2019，40(3): 451～458

[10] 石油觀察。只有枯竭的思想，沒有枯竭的能源，全球能源演化與趨勢——中國科學院鄒才能院士對能源問題的思考。2019

[11] Merlinda Adoni, Valentin Robu, David Flynn, Simone Abram, Dale Geach, David Jenkins, Peter McCallum, Adrew Peacock. Blockchain technology in the energy sector: a systematic review of challenges and opportunities. Renewabale and sustainable Energy Reviews, 100(2019): 143-174

[12] IEA. World Energy Outlook 2018. OECD/IEA Paris

[13] IEA. Digitalization and Energy, 2017. OECD/IEA Paris

[14] IEA. The Future of Hydrogen, 2019. OECD/IEA Paris

[15] IEA. energy efficiency 2018. OECD/IEA Paris

[16] BP. BP Statistical Review of World Energy. 2019

[17] LO3 Energy. LOCAL ENERGY SOLUTIONS. https://lo3energy.com/

[18] Claudia Pavarini. Battery storage is (almost) ready to play the flexibility game. February, 2019. https://www.iea.org/commentaries/battery-storage-is-almost-ready-to-play-the-flexibility-game

參考文獻

[19] 中國太陽能光電行業協會。中國太陽能光電產業發展路線圖（2018 年版），2018

[20] 馮慶東。能源網網路與智慧能源。北京：機械工業出版社，2015

[21] Fast company. THE WORLD'S MOST INNOVATIVE COMPANIES 2018 HONOREES BY SECTOR. https://www.fastcompany.com/most-innovative-companies/2018/sectors/energy

[22] Brooklyn Microgrid. Brooklyn Microgrid (BMG) is an energy marketplace for locally generated, renewable energy. https://www.brooklyn.energy/

[23] Facebook. the White paper of Libra. https://libra.org/en-US/white-paper/

[24] WePower. the White paper of WePower. https://wepower.network/media/WhitePaper-WePower_v_2.pdf

[25] Denise Quirk. How Blockchain is Contributing to a More Energy-Sufficient World With its Revolutionary Applications. Feb, 2019. https://hackernoon.com/how-blockchain-is-contributing-to-a-more-energy-sufficient-world-with-its-revolutionary-51a4debd6bd0

[26] Sonal Patel. Blockchain Pilot Shows Promise for Grid Balancing. June 2019. https://www.powermag.com/blockchain-pilot-shows-promise-for-grid-balancing/

[27] Office of Energy Efficiency & Renewable Energy, DOE. Consumer vs Prosumer：What's the Difference? https://www.energy.gov/eere/articles/consumer-vs-prosumer-whats-difference. MAY 11, 2017

[28] Apple News. Apple now globally powered by 100 percent renewable energy. https://www.apple.com/sg/newsroom/2018/04/apple-now-globally-powered-by-100-percent-renewable-energy. April, 2018

[29] 劉元玲。變與不變：川普治下美國的氣候政策與行動。http://117.128.6.28/cache/ias.cass.cn/lncgyj/xkfl/mgjj/201905/

[30] 劉火。英國：連續棄煤114小時，全年棄煤超1800小時。https://news.solarbe.com/201905/11/306981.html。2019

[31] 徐風華、姜林高。浙江金華打造太陽能光電「養老＋理財」新模式。人民日報，http://zj.people.com.cn/GB/n2/2016/0713/c186327-28655951.html。2016

參考文獻

[32] BBC news. Solar power deal will lower social tenants' energy bills. https://www.bbc.com/news/business-41122433

[33] Brian Milligan. The town where one in ten have opted for solar power. May, 2015, https://www.bbc.com/news/business-32782324

[34] Michael Köttner. Overview Biogas & Micro Scale digestion (MSD) in Germany. http://www.bioenergyfarm.eu/wp-content/uploads/2016/02/BEF2_151013_Micro-Scale-Digestion.pdf. 2016

[35] The National news. Noor Abu Dhabi solar plant begins commercial operation. https://www.thenational.ae/uae/environment/noor-abu-dhabi-solar-plant-begins-commercial-operation-1.880723

[36] Nissan Sverige officiella pressrum. Nissan supports world's first fully commercial vehicle-to-grid hub in Denmark. https://sweden.nissannews.com/sv-SE/releases/release-426223358-nissan-supports-world-s-first-fully-commercial-vehicle-to-grid-hub-in-denmark. 2018

[37] UK Power Networks and Innovate UK. V2G GLOBAL ROADTRIP: AROUND THE WORLD IN 50 PROJECTS. https://www.evconsult.nl/en/v2g-a-global-roadtrip. 2018

[38] 鄧正紅。頁岩策略——聯準會在行動。北京：石油工業出版社，2017

[39] 邱麗靜。能源數位化趨勢及前沿應用。《能源情報研究》，2019 年 3 月，http://www.escn.com.cn/news/show-723123.html

[40] Pieter Vingerhoets, Maher Chebbo, Nikos Hatziargyriou. EUROPEAN TECHNOLOGY PLATFORM FOR SMARTGRIDS DIGITAL ENERGY 4.0. https://www.etip-snet.eu/wp-content/uploads/2017/04/ETP-SG-Digital-Energy-System-4.0-2016.pdf. 2016

[41] KEN SAKAKIBARA. Blockchain-manged energy grid to be tested in Fukushima. https://asia.nikkei.com/Business/Blockchain-manged-energy-grid-to-be-tested-in-Fukushima

[42] Power Ledger. Power ledger white paper. https://www.powerledger.io/wp-content/uploads/2019/05/power-ledger-whitepaper.pdf. 2019

參考文獻

[43] 4NEW. INTRODUCING THE KWATT COIN. https://4new.io/wp-content/themes/4new/images/whitepaper.pdf

[44] Grid Edge. Case Study: Artificial Intelligence for Building Energy Management Systems. 2019, June. https://www.iea.org/articles/case-study-artificial-intelligence-for-building-energy-management-systems

[45] Scott, J. Grid Edge: Artificial Intelligence for Energy Systems. Presentation delivered at International Energy Agency Workshop on Modernising Energy Efficiency through Digitalisation, Paris, 27 March 2019

[46] Jesse Morris、Jon Creyts。五年內顛覆性應用可期，區塊鏈技術將變革全球電力行業。「能源列國志之四十」，財經，2017年12月

[47] 聯合國環境署。城市區域能源報告（中文版）。http://www.districtenergyinitiative.org/sites/default/files/publications/desfullreportchinese-290520171146.pdf。2015

[48] IPEEC. Top Ten Energy Efficiency Best Available Technologies and Best Practices Task Group. https://ipeec.org/upload/publication_related_language/pdf/1226.pdf

[49] Stephen Woodhouse, Chief Digital Officer. Digitalisation in the Energy Sector, https://www.poyry.com/news/articles/digitalisation-energy-sector. May 2018

[50] William Pentland. A Review Of Ted Koppel's 'Lights Out!'. https://www.forbes.com/sites/williampentland/2016/04/24/a-review-of-ted-koppels-lights-out/#2bc26dd33ecc. April, 2016

[51] 路舒童、郝一涵。創新金融撬動美國建築效能市場。「能源列國志之三十五」，財經，2017 年 7 月

[52] Marcus Eichhorn, Mattes Scheftelowitz, Matthias Reichmuth, Christian Lorenz, etc. Spatial Distribution of Wind Turbines, Photovoltaic Field Systems, Bioenergy, and River Hydro Power Plants in Germany. Data 2019, 4(1): 29. https://www.mdpi.com/2306-5729/4/1/29/htm

[53] David Roberts. Got Denmark envy? Wait until you hear about its energy policies. https://www.vox.com/2016/3/12/11210818/denmark-energy-policies

[54] Matt Kennedy. Abu Dhabi throws the switch on world's largest single-site solar project. https://newatlas.com/abu-dhabi-worlds-largest-single-site-solar-project/60463/

參考文獻

[55] 盧武安。重塑能源。湖南：湖南科學技術出版，2014

[56] Department of the Environment and Energy, Australian Government. National Energy Analytics Research program, https://www.energy.gov.au/government-priorities/energy-data/national-energy-analytics-research

國家圖書館出版品預行編目資料

能源的未來，數位化與金融重塑：頁岩革命 × 數據驅動 × 低碳永續 × 區塊鏈交易……能源產業的顛覆性突破 / 楊雷 著 . -- 第一版 . -- 臺北市：山頂視角文化事業有限公司 , 2025.03
面； 公分
POD 版
ISBN 978-626-99407-6-9(平裝)
1.CST: 能源經濟 2.CST: 綠能經濟 3.CST: 經濟發展
554.68　　114001839

能源的未來，數位化與金融重塑：頁岩革命 × 數據驅動 × 低碳永續 × 區塊鏈交易……能源產業的顛覆性突破

作　　者：楊雷
發 行 人：黃振庭
出 版 者：山頂視角文化事業有限公司
發 行 者：山頂視角文化事業有限公司
E - m a i l：sonbookservice@gmail.com
粉 絲 頁：https://www.facebook.com/sonbookss/
網　　址：https://sonbook.net/
地　　址：台北市中正區重慶南路一段 61 號 8 樓
8F., No.61, Sec. 1, Chongqing S. Rd., Zhongzheng Dist., Taipei City 100, Taiwan
電　　話：(02) 2370-3310　傳真：(02) 2388-1990
印　　刷：京峯數位服務有限公司
律師顧問：廣華律師事務所 張珮琦律師

-版權聲明-

本書版權為石油工業出版社所有，授權山頂視角文化事業有限公司獨家發行繁體字版電子書及紙本書。若有其他相關權利及授權需求請與本公司聯繫。
未經書面許可，不得複製、發行。

定　　價：299 元
發行日期：2025 年 03 月第一版
◎本書以 POD 印製